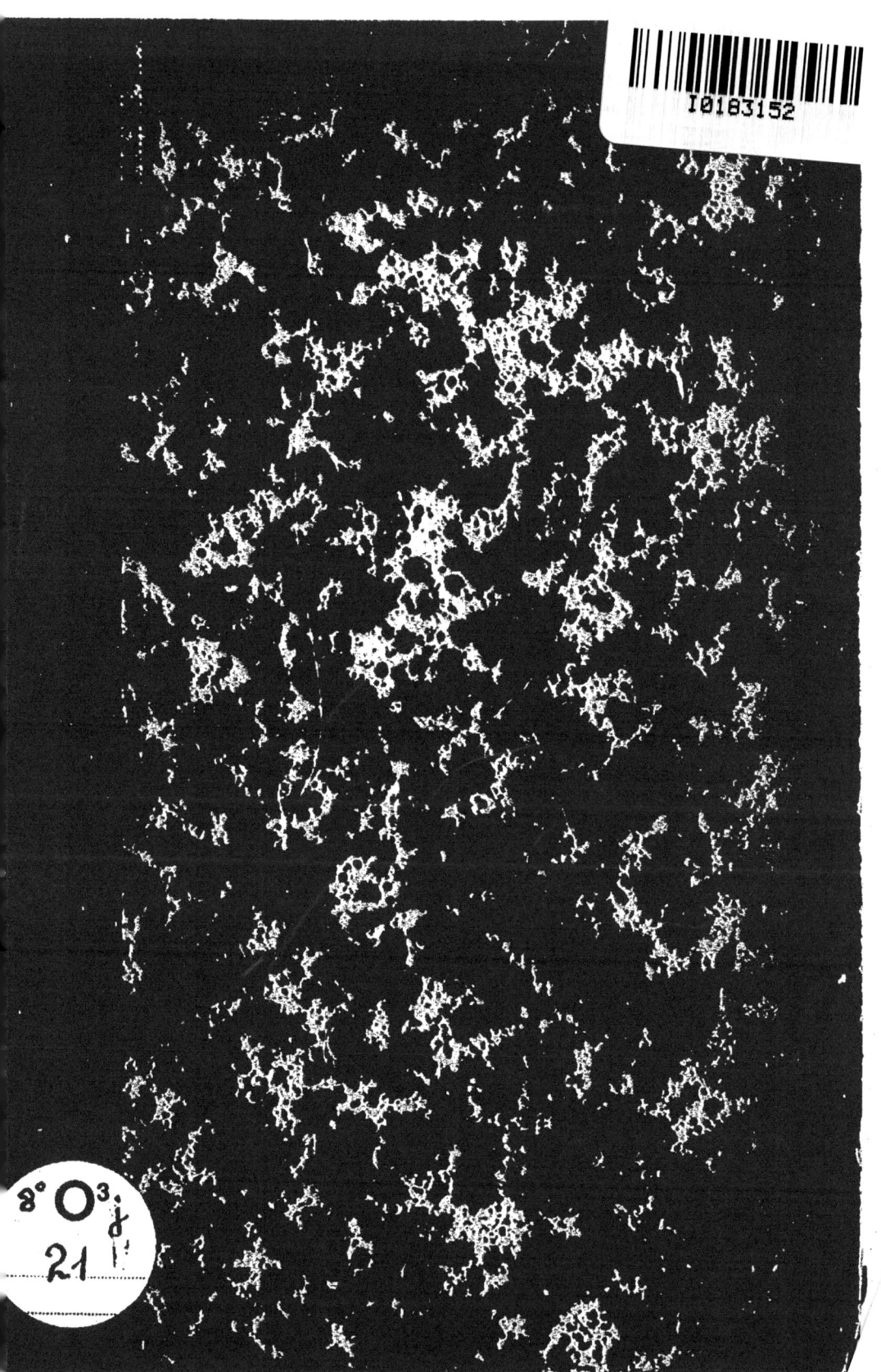

LE MAROC EN 1856

LE
MAROC EN 1856

PAR

H. DE T. D'ARLACH

AUTEUR DE PLUSIEURS OUVRAGES.

PARIS
CHEZ LEDOYEN, LIBRAIRE-ÉDITEUR,
GALERIE D'ORLÉANS, 31, PALAIS-ROYAL.

1856

SOMMAIRE

NOTE I.

Position du Maroc. — Sa population. — Les pirates du Riff. — Anecdote. — Décadence des Maures.................................. 5

NOTE II.

Gouvernement du Maroc. — Politique du Sultan. — Sidi Mohammed-El-Katib, ministre des affaires étrangères. — Le commerce européen au Maroc. — Les monopoles. — Le traité anglo-américain ... 16

NOTE III.

La ville de Tanger. — Sa description. — Le jardin de Suède. — Le palais de la Kasbah. — Ses galeries et ses jardins. — Hadj-Mohammed-Ben Abd-El-Malek-Ben Abou, pacha de Tanger.............. 30

NOTE IV.

Population de Tanger. — Les femmes juives. — Leurs mœurs. — Leurs Fêtes 43

NOTE V.

Mœurs des femmes musulmanes. — Un mariage au Maroc. — Fondation d'un hôpital à Tanger. — Religion des Mahométans. — Leurs fêtes. — Fanatisme des Maures.. 48

NOTE VI.

Mouleï Abd-Er-Rahman, empereur du Maroc. — Son portrait. — Caractère de ce prince. — Sidi Mohammed, héritier présomptif. — Mouleï Reschid. — Enfants des anciens empereurs du Maroc... 59

NOTE VII.

Forces de l'Empire. — Moyens d'intervenir efficacement dans les affaires du Maroc. — De l'institution des consuls. — Comment le sultan lève ses troupes. — La garde noire du palais. — Principaux officiers de la maison de l'empereur................................... 68

LE
MAROC EN 1856

NOTE I.

Position du Maroc. — Sa population. — Les pirates du Riff. — Anecdote. — Décadence des Maures.

Placé entre la Méditerranée et l'Océan, le Mogreb, nom que les Maures donnent à leur pays, est coupé, de l'Est à l'Ouest, par une longue chaîne de montagnes dans lesquelles on rencontre des mines d'or, d'argent, de cuivre, de fer qui n'ont jamais été exploitées. Du sommet de l'Atlas découlent plusieurs rivières dont les eaux fertilisent de vastes plaines toujours recouvertes de riches moissons. Cette portion de l'Afrique présente une variété infinie de produits admirables, et deviendrait certainement une des contrées les plus riches du monde entier, si elle ne manquait de bras et d'intelligences ; car, telle qu'elle est aujourd'hui, elle donne naissance à toutes les plantes, depuis les céréales jusqu'aux fruits des tropiques qui y viennent sans culture. Sur ce sol qui n'est fécondé par d'autres engrais que le fumier qu'y laissent les troupeaux, dans ces champs où l'incurie de l'homme passe la charrue à travers une quantité d'herbes parasites au milieu desquelles on a peine à apercevoir le plus léger sillon, la récolte présente de magnifiques produits.

Rien ne pourrait donner une idée exacte des incalculables trésors enfouis sous ce sol, des richesses sans nombre de ces fertiles contrées, dont le climat est certainement un des plus beaux et des plus salubres qui se puisse voir.

Non loin de cette étonnante végétation, au sud, sur les confins du Sahara, la nature s'est plu à réunir les plus étranges contrastes; sur ces plages embrasées dont le terrible simoun semble interdire l'approche, s'étend la stérile province de l'Oued-Noun; ses hordes sauvages vivent de rapines.

A l'autre extrémité de l'empire, la rive Nord-Est, sur la Méditerranée, laisse entrevoir une infranchissable muraille de rocs. C'est la sauvage province du Riff dont les habitants sont fort redoutés; ils se livrent à la piraterie et sont dispersés dans plusieurs villages, sous la conduite d'un cheick ou chef.

Parmi ces différents villages, qui occupent une étendue de territoire assez considérable, il y en a principalement un dont les habitants se distinguent par la férocité. Il se nomme Azanen, et est situé au fond d'une petite baie sur le sommet d'une grande colline. Les Azanéens, qui appartiennent à la tribu sauvage des Guelaïa, ont à leur disposition une assez grande quantité d'armes et des barques grossièrement construites. Leur seule industrie est la piraterie, qu'ils ont exercée dans ces dernières années avec un redoublement de sauvage énergie. Plusieurs bâtiments de commerce, sous pavillons anglais et français, sont tombés dernièrement entre leurs mains, et l'on s'étonne que de pareils faits se passent à deux pas de cette Europe civilisée qui, malgré sa supériorité intellectuelle, a été impuissante jusqu'à ce jour à porter sur cette terre de ténèbres les idées dont elle a été nourrie, et à apprendre à ce peuple voisin celles dont vivent d'autres civilisations ?

Mais, il faut bien le reconnaître, si les nations civilisées ont fait preuve d'une si longue patience en présence des actes d'odieuse piraterie qui se commettent sans cesse sur les côtes du Riff, c'est que, probablement, il leur aura été démontré par l'expérience qu'il est presque impossible de châtier les pirates d'une manière salutaire, et que ce ne serait que par l'extermination complète de ces hordes de sauvages que l'on couperait court à leurs brigandages. Or, nous ne craignons pas d'affirmer qu'il serait peut-être téméraire de diriger dans ce but une expédition sur le Riff. Il est hors de doute, en effet, que, parmi toutes les nations civilisées qui ont à tirer vengeance d'actes aussi barbares et dont la répression peut paraître tardive, il n'y en a pas une seule qui soit à même de bien apprécier toutes les chances, plus ou moins favorables ou défavorables, d'un semblable projet.

On parle un peu en Europe de la province du Riff comme le ferait un aveugle des couleurs. Et, comment en serait-il autrement, quand ceux-là même qui sont le plus en mesure de faire connaître leur opinion sur ce pays ne peuvent s'exprimer que très-imparfaitement, puisqu'aucun d'eux n'en a visité l'intérieur ? Tout ce que nous connaissons du Riff, c'est que c'est une contrée montagneuse dont les habitants appartiennent en grande partie à l'indomptable race des Berbères. Ils ne se soumettent que rarement à l'autorité de l'empereur du Maroc, mais ils le reconnaissent néanmoins pour le chef de la religion.

La province du Riff est séparée de l'Algérie par le désert d'Angad et Lalla-Magria; elle se compose, comme nous l'avons vu, de douze à seize villages ou grandes tribus sur lesquelles on ne possède que des notions très-vagues. On sait seulement qu'une partie de la population vit dans des cavernes et que tout le littoral est bordé de montagnes inaccessibles ou de promontoires escarpés qui s'avancent dans la mer. Tout le long de la côte, il y a de petites criques qui servent aux pirates pour épier les bateaux de commerce qui deviennent leur proie. On ne connaît aucun lieu de débarquement, si ce n'est une petite baie située non loin du cap Tres Forcas.

Ce sont là, je le répète, les seuls renseignements que les personnes les mieux informées sont à même de fournir sur le Riff. En présence de données aussi vagues, on comprendra aisément que les nations civilisées auxquelles l'expérience a appris que les diverses tentatives faites jusqu'à ce jour pour réprimer les excès des Riffains sont demeurées sans résultat, aient hésité avant de s'engager à faire subir aux coupables un châtiment exemplaire. Cette hésitation n'a été qu'un acte de profonde sagesse que nous comprenons d'autant mieux, pour notre compte personnel, que longeant, il y a deux mois à peine, toute cette côte inhospitalière du Riff, nous nous demandions ce que pourrait, à un moment donné, faire une flotte qui aurait à lutter contre des brigands qui, à son approche, se réfugieraient dans des montagnes inaccessibles pour ne reparaître que quand ils ne seraient plus menacés. Un débarquement, fait à l'improviste sur telle ou telle portion du territoire, ne peut pas davantage, selon nous, produire des résultats bien satisfaisants; car, ce qu'il faut pour que la réussite soit complète, c'est de pénétrer au cœur même du pays, et il est hors de doute que ce n'est qu'en frappant un grand coup dans toute l'étendue de la province du Riff que l'on sera assuré de profiter de la victoire. Pour parvenir à ce but, nous pensons qu'il n'y a qu'un seul moyen qui offre des chances sérieuses de succès, c'est celui de pénétrer dans le Riff par la frontière du Maroc en occupant une partie de cet empire. Mais il ne faut pas se dissimuler que ce moyen nécessiterait des forces considérables; car, du jour où les nations civilisées tenteraient de mettre le pied sur le territoire marocain, il est presque certain que l'empire en entier se soulèverait comme par enchantement, et que l'on verrait toutes les différentes races qui peuplent le Maroc se coaliser contre l'invasion étrangère (1).

Près de la ville de Tanger s'élève le cap Spartel, où commencent les côtes qui longent l'Océan et qui donnent accès aux principaux ports du Maroc, parmi lesquels ceux de Rabat, de Mogador, de Saffy, de Mazagan et de Casablanca offrent seuls quelque intérêt pour le commerce.

La population du Maroc est très-variée, et il importe de la connaître. Elle se compose de Maures, d'Arabes, de Berbères ou habitants aborigènes, de sept cent mille Juifs environ, de

---

(1) Depuis que nous avons écrit ces lignes, les pirates du Riff se sont livrés à un nouvel exploit sur la flotte prussienne commandée par le grand-amiral prince Adalbert de Bavière qui, comme chacun s'en souvient, reçut une glorieuse blessure dans la lutte qu'il soutint, au mois d'août 1856, contre les Riffains. L'opinion publique s'est justement émue de ce nouvel et odieux attentat, et nous espérons qu'en cette circonstance, les nations civilisées se prêteront un mutuel concours pour obtenir une éclatante vengeance; mais qu'elles ne s'engageront dans cette affaire que quand elles se seront assurées qu'à l'aide des moyens dont elles disposent, leur victoire sera durable.

Le Riff peut donc devenir, d'un moment à l'autre, le théâtre d'événements importants, car la lutte sérieusement engagée entre la civilisation et la barbarie, la victoire n'est pas douteuse.

Nègres, de Chrétiens, et d'un nombre très-limité de renégats.

Des races diverses qui occupent l'empire du Maroc, les Maures sont les seuls qui aient eu jusqu'ici des rapports directs avec les Européens; aussi dissimulés que cruels, ils n'ont pas conservé la moindre grandeur dans le caractère.

Quant aux Arabes du Maroc, suivant les uns, ils descendent des plateaux de l'Asie; suivant d'autres, ils seraient issus des Chananéens chassés de la Palestine par le peuple hébreu.

Au reste, quoiqu'il en soit des opinions contradictoires émises à leur sujet, ils continuent, dans les plaines de la Barbarie, leurs courses nomades, et y conservent cette vie de tribu qui entrave tout développement social dans l'esprit inquiet des hordes.

Les Berbères ou Amazirgues sont, à ce que l'on croit, le peuple le plus ancien de l'Afrique septentrionale. Cette race est la plus fière et la plus indomptable de l'empire du Maroc. Les Berbères vivent au sein des montagnes, comme les habitants de la province du Riff qui appartiennent à cette race. D'un courage à toute épreuve, le genre de vie des Berbères les rend insensibles aux intempéries des saisons. Retranchés dans leur retraite, ils en rendent l'approche presque inaccessible et ne redoutent pas plus les troupes de l'empereur que les ennemis du dehors.

Les Schellouhs, qui vivent dans le grand Atlas, ne ressemblent en rien aux Berbères; essentiellement pacifiques, ils s'adonnent à l'agriculture. Cette race conserve des habitudes plutôt pastorales que guerrières, et est très-superstitieuse (1).

---

(1) On ne saurait énumérer les mille superstitions des Schellouhs comme des Arabes, de même que celles des Maures. Ils sanctifient, de leur vivant,

Reste maintenant les Juifs, qui sont fort mal traités dans tout l'empire. Ils sont presque tous fixés dans les villes où ils exercent plusieurs genres d'industrie. Dans l'intérieur, ce sont même des Juifs qui servent d'agents à quelques puissances européennes. Ces malheureux, traqués par les limiers du sultan, cherchent tous à se placer sous la protection de quelque consulat; car le Juif, conspué, abreuvé d'outrages, est non-seulement mal vu dans tout l'empire, mais il est encore de la part des Maures un objet de souverain mépris et de violente haine qui ne disparaîtront jamais.

Telles sont les cinq principales races qui peuplent l'empire du Maroc et que l'on est souvent que trop disposé à confondre. Un des grands malheurs, en effet, de ce pays, est d'être si peu connu! Combien de personnes encore en Europe regardent les Arabes comme formant à eux seuls la population du Maroc? N'y en a-t-il même pas quelques-unes qui possèdent si peu de notions sur les habitants de ce pays, qu'elles ne seraient pas éloignées d'admettre que les Arabes n'ont d'humain que la forme? La cause en est évidemment à ce que bien peu d'Européens se soucient d'étudier ces riches contrées, malgré la facilité

les fous et les sorciers, qu'ils prétendent avoir l'esprit du prophète. Après leur mort, ils érigent, à côté de leurs tombeaux, des chapelles où ils se rendent en pélerinage. Ces sanctuaires, réfuges des criminels de l'Empire, deviennent un asile inviolable dans lequel les bandits bravent impunément la justice du pays et la colère du souverain. Les Maures professent également la plus grande vénération pour les pélerins qui ont fait le voyage de la Mecque. On les désigne sous le nom de Hadjis, qui veut dire saints. Cette vénération va jusqu'à un tel paroxime de fanatisme, qu'ils sanctifient aussi les chevaux qui accompagnent les pélerins dans leur voyage. Un de leurs plus grands plaisirs est de visiter souvent ces chevaux, et surtout des voyages qui, de nos jours, a effacé toutes les distances. Ceci me rappelle une charmante petite anecdote qui trouvera parfaitement sa place ici, et dont je puis garantir l'authenticité.

Un des Maures les plus distingués de la ville de Tanger, Mohammed-Mustafa-Ducaly, qui possède une fortune considérable, entreprit un voyage en Europe dans le courant de l'année 1845. Après avoir visité les grandes capitales, avoir fait un séjour prolongé à Paris, il se rendit en Angleterre où l'appelait une commande d'armes assez considérable pour le compte de l'empereur du Maroc. Quand Mustafa Ducaly eut terminé ses affaires à Londres, il voulut également connaître une partie de l'Angleterre et principalement ses grands centres manufacturiers. Ce fut dans ce but que, de Liverpool, il se rendit à Manchester où il descendit dans un des premiers hôtels de la ville. Il était accompagné, dans ce voyage, d'un drogman et d'une suite de serviteurs assez nombreuse. Mustafa Ducaly joignait à l'originalité de son costume national les charmes d'un physique fort agréable, et il n'en fallait pas tant pour attirer sur lui les regards. Aussi sa présence à Manchester n'était-elle ignorée de personne, et, chaque fois qu'il sortait, il y avait toujours aux

d'assister à leurs repas. Après leur mort, ils les ensevelissent avec les mêmes honneurs que s'il s'agissait d'un grand dignitaire de l'Empire. M. de S¹-Olon, rendant compte à Monseigneur Colbert de Croissy de sa réception à la cour de l'empereur Moula-Ismaïl, fait mention d'un de ces chevaux, et il s'exprime en ces termes :

« Le roi de Maroc en avait un de cette nature. La première fois que je
« parus devant lui, il le faisait marcher immédiatement devant lui, et, outre
« la distinction que la richesse de son harnais en faisait paraître, sa queue
« était portée par un esclave qui tenait un pot et un linge en ses mains
« pour recevoir ses excréments et l'essuyer. »

abords de son hôtel une foule assez nombreuse qui se montrait avide de l'apercevoir. Comme ceci se passait en 1845, c'est-à-dire il y a dix ans, on comprendra facilement que, dans chaque ville où il s'arrêtait, l'arrivée d'un tel personnage était un véritable événement; car, aujourd'hui encore à Paris, il n'en faut pas autant pour mettre souvent en émoi tout un quartier de la capitale.

Mustafa Ducaly habitait Manchester depuis quelques jours, quand il reçut l'invitation de se rendre à une fête brillante que donnait lord W. dans le somptueux domaine qu'il possède à quelques lieues de la ville de Manchester. Au jour fixé, un magnifique équipage, monté à la Daumon, conduisait Mustafa Ducaly au domaine de lord W.

A son arrivée, il fut introduit dans un vestibule richement décoré, qui donnait accès à un vestiaire où se tenaient quatre huissiers. De ce vestiaire, on passait dans une vaste antichambre qui conduisait dans un premier salon dont les ornements étaient d'une extrême richesse. L'un des deux hallebardiers placés à chaque battant des portes ayant annoncé à haute voix : Mustafa Ducaly ! le maître de la maison vint à sa rencontre. Un silence général ne tarda pas à succéder à l'animation qui régnait dans cette opulente demeure, et chacun des invités porta ses regards sur le nouveau venu, avec la lenteur involontaire d'une curiosité qui se satisfait. La fille du maître de la maison surtout ne pouvait se lasser de contempler l'étranger; elle ne tarda pas à lui adresser plusieurs questions sur son pays, et une des premières qu'elle lui posa fut celle de lui demander s'il avait plusieurs femmes. Mustafa Ducaly ayant avoué qu'il en avait sept, elle lui dit, avec une charmante naïveté, qu'il lui paraissait impossible qu'on pût aimer sept femmes à la fois.

« Je regrette, lui répondit Mustafa Ducaly, que les lois de
« votre pays ne vous permettent pas de devenir la huitième, car
« vous comprendriez alors que je pourrais, au besoin, en aimer
« huit. »

Miss W., de plus en plus surprise de voir un Maure s'exprimer avec une certaine élégance dans un idiome qui n'était pas le sien, ne put retenir son étonnement lorsqu'elle entendit les derniers mots que venait de prononcer son étrange visiteur.

Donnant bientôt un libre cours à sa stupéfaction, elle chercha du regard lord W., et, l'apercevant à l'autre extrémité du salon, elle s'écria à haute voix :

« Mon père! ce Maure parle comme une personne. »

Mustafa Ducaly rit beaucoup et rit encore aujourd'hui de cette aventure lorsqu'il la raconte.

Il est vrai d'ajouter que la jeune personne dont il est ici question, et qui porte à cette heure un des grands noms de l'Angleterre, avait eu affaire au Maure le plus astucieux du Maroc; car Mustafa Ducaly ajoute à une certaine finesse d'être bien certainement le seul Maure un peu instruit de tout l'empire.

Quoi qu'il en soit, cet exemple seul ne prouverait-il pas suffisamment que la Barbarie occidentale, si peu connue et si digne de l'être, n'a été que fort imparfaitement décrite, et qu'en Europe, on n'a reçu jusqu'à ce jour, sur le Maroc, que des notions très-vagues. Comment pourrait-il en être autrement d'un pays que fort peu de voyageurs ont visité? Le très-petit nombre d'entre eux d'ailleurs, qui n'ont fait que traverser un espace plus ou moins borné de ce riche pays, l'ont, plus tard, jugé dans leurs écrits au milieu de préjugés tout européens.

Nous venons de faire un exposé rapide des différentes races qui peuplent l'empire du Maroc; nous les avons décrites telles qu'elles nous sont apparues, à travers nos propres impressions, pendant un séjour de plusieurs années dans ce pays. Nous croyons avoir donné, par ce qui précède, la preuve évidente de la richesse agricole et minérale du sol marocain; il nous faut cependant l'avouer : au milieu de ses innombrables richesses, le Maroc dépérit; ses habitants n'ont pas même conscience des faveurs sans nombre dont la nature a doté ce pays.

A voir la profonde indifférence de ce peuple, son unique souci d'amasser de l'or, que l'empereur lui arrache toujours avec la vie, l'Européen se sent saisi d'une pitié douloureuse. Il nous reste maintenant à examiner comment un peuple belliqueux et chevaleresque, qui a laissé en Espagne les traces de son admirable génie, en est arrivé à l'état de décadence dans lequel il vit aujourd'hui. En effet, on ne peut se dissimuler que, sur cette même terre d'Afrique, le berceau de la civilisation arabe, le foyer de l'Islam, végète désormais une race de guerriers misérables et dégénérés qui, courbés sous le bâton des gardes noirs du sultan, assiste à sa lente agonie. Quelle que soit la profondeur du mal, il est impossible de désespérer de l'avenir de ce pays qui possède tous les éléments nécessaires pour devenir tout d'un coup d'une incommensurable prospérité. Les déserts sont destinés à se changer en provinces fertiles, et les richesses minières, à l'aide de l'intelligence et des capitaux, se convertiront en trésors infinis. Tout cela se fera naturellement du jour où ce pays, si maltraité par la faute des hommes, sera vivifié par l'émigration européenne.

NOTE II.

Gouvernement du Maroc. — Politique du sultan. — Sidi Mohammed-el-Khatib, ministre des affaires étrangères. — Le Commerce européen au Maroc. — Les monopoles. — Le traité anglo-marocain.

Le gouvernement du Maroc se personnifie dans l'empereur. L'arbitraire sous mille formes, l'anarchie dans les idées, tels sont les deux puissants moteurs de la machine gouvernementale de ce pays. Abd-er-Rhaman, en sa qualité de prince des vrais croyants, tout en disposant de la vie et des propriétés de ses sujets, dirige même leur conscience; juge suprême, seul pouvoir dans l'Etat, son autorité n'a pas de limites. Chaque loi de l'empire émane du souverain : impôts, monnaies, poids et mesures, tarifs douaniers, tout varie au gré de son caprice.

S'il est possible de s'expliquer jusqu'à un certain point, pourquoi, à l'aide du fanatisme, un gouvernement aussi despotique a été toléré par le peuple sur lequel il pèse, il est impossible de comprendre comment il existe, au dix-neuvième siècle, un souverain assez arbitraire et assez ennemi de lui-même pour tenir son peuple dans une passive abjection, aux portes même de l'Europe civilisée.

L'influence bienfaisante que l'empire du Maroc, séparé seulement de l'Europe par un détroit, aurait pu recevoir de ce rapprochement, est entièrement annihilée par la politique habile, mais profondément égoïste du sultan. A quoi sert, en effet, au peuple marocain que son territoire soit plus ou moins rapproché de l'Europe, s'il ne doit pas en profiter pour entretenir des relations avec ses voisins? Sa régénération ne serait cependant possible qu'à ce prix; mais, hâtons-nous de le dire, au lieu de se tourner vers l'Europe, la cour de Fez s'isole avec un soin tout exceptionnel. Rien ne peut donner une plus juste idée de cet isolement, que de rappeler ici que messieurs les chargés d'affaires des différentes puissances, résidant à Tanger, n'ont pas même la faculté de traiter directement avec l'empereur; ils n'ont la possibilité de le faire qu'en passant par l'entremise de Sidi-Mohammed-el-Khatib, ancien négociant établi à Gibraltar, aujourd'hui ministre de l'empereur du Maroc. Sidi-Mohammed est un vieillard à barbe blanche, qui passe pour avare, astucieux et pusillanime. Il est juste cependant de dire, à sa louange, qu'il n'aime l'argent que parce qu'il lui en faut beaucoup pour se maintenir en grâce auprès du sultan; car, au Maroc, depuis l'empereur jusqu'aux plus petits employés, tous exercent des extorsions et des rapines, et la décision des affaires est devenue une question d'argent. Quant aux violentes attaques dirigées contre Sidi-Mohammed, à cause de sa pusillanimité, on s'étonnera à bon droit que ceux-là même qui se sont montrés ses adversaires les plus acharnés n'aient pas été plutôt portés à le plaindre qu'à le blâmer.

Avec un peu de réflexion, ne se sent-on pas, en effet, disposé à absoudre ce fonctionnaire avec d'autant plus de complaisance que son maître ne mesure ses mérites qu'à son excès de prudence, et qu'il lui coûterait fort cher de s'en écarter. Sidi-Mohammed remplit à Tanger les fonctions d'administrateur de la douane, et son souverain lui a conféré en même temps le dangereux honneur de servir sa politique. Il l'a revêtu du titre dérisoire de ministre des affaires étrangères, et il ne faut pas désespérer de voir, un jour, déléguer ces importantes fonctions au plus humble serviteur de l'État. Pendant que les hommes et les idées d'Europe sont, comme on le voit, forcément obligés de s'arrêter au premier port de l'empire du Maroc, à l'intérieur tout se passe avec le plus profond mystère. Cependant, malgré les ténèbres qui règnent à Fez, la nouvelle de l'arrestation de tel ou tel personnage, dont le crime est d'être riche ou supposé tel, et de la confiscation de tous ses biens au profit du sultan, se répand de temps à autre, et de semblables nouvelles ne sont jamais erronées. Dans un pays où il n'y a d'autre droit que la force, de pareils procédés ne choquent et ne surprennent personne; s'ils indignent quelquefois, ce sentiment n'est pas de longue durée parmi les indigènes courbés depuis longtemps sous l'oppression. Tous les sujets du sultan, dès qu'ils sont à la tête d'une petite fortune, sont dépouillés de leurs biens à son profit. Quand, par malheur pour eux, ils opposent quelque résistance, ou, ce qui arrive presque toujours, ils essayent de cacher ce qu'ils possèdent, on le leur arrache avec la vie.

L'empereur se montre de plus en plus insatiable (1), et on estime à un chiffre prodigieux le montant de toutes les exactions

---

(1) Abd-er-Rahman reste fidèle à la ligne de conduite suivie par ses prédécesseurs, depuis le fameux règne du prince Moulla-Ismaël, car, dans un mémoire fort curieux, adressé en 1693, par M. de St-Olon à monseigneur Colbert de Croissy, nous lisons ce qui suit :

colimises pour son compte et par ses ordres. Personne n'est renseigné cependant sur l'emploi des sommes ainsi extorquées; mais on suppose généralement qu'elles sont envoyées, sous bonne escorte, à Tafilet, où elles sont déposées dans quelque cachette souterraine. Tafilet est la ville natale du sultan.

Abd-er-Rhaman, empereur du Maroc, est âgé de soixante-dix à soixante-douze ans. Au lieu de profiter des leçons du passé et de rattacher, par une ferme et sincère alliance, sa cause et celle du peuple maure aux intérêts européens, ce souverain, soit par politique, soit par grossièreté de nature, s'est, au contraire, étudié à tenir le peuple maure dans une passive abjection et un profond isolement, en se défiant de toute importation étrangère, et en repoussant les mœurs et les idées de l'Europe. Nous allons voir maintenant les résultats de cette politique. A l'extérieur, dans toutes les villes du littoral, l'indigène opprimé, vivant dans la crainte constante de se voir dépouillé d'un jour à l'autre, se détache insensiblement de la cause de l'empereur, et, s'il reste encore indifférent au contact de la civilisation, du moins, est-il plus que probable qu'il ne tenterait rien pour l'empêcher d'arriver jusqu'à lui. D'un autre côté, l'intérieur de l'empire présente un tableau bien autrement triste : un peuple condamné à

« J'ai tenté inutilement l'information et le calcul des revenus de cet
« empereur qui n'a presque point de domaines; j'ai trouvé qu'il était au-
« tant impossible de le déterminer, que de fixer son avidité insatiable de
« l'or et de l'argent. La dixme de tous les biens de ses sujets en est la règle
« générale, aussi bien que la taxe annuelle sur tous les Juifs, de six écus
« par chaque mâle, depuis l'âge de quinze ans et au-dessus; mais il fait
« si fréquemment, sur eux et sur ses autres sujets, des impôts, ou, selon
« leur terme, des garammes extraordinaires, en cotisant tantôt une ville
« et tantôt une autre, sans aucun prétexte ni sujet que de sa volonté, qu'il

végéter, qui compte à peine pour moitié dans les huit millions et demi d'habitants disséminés sur une surface de plus de vingt-quatre mille lieues carrées; menacé de toutes parts par les Berbères, les nègres du Soudan, les Schellouhs, ne résiste que bien difficilement à leurs étreintes.

En présence d'une situation aussi triste, ne se sent-on pas disposé à admettre forcément la substitution à ce régime intolérant et irrégulier d'un régime empreint de quelque générosité et de quelque justice?

Au milieu des éléments bizarres et contradictoires qui divisent l'empire du Maroc, les deux grandes puissances maritimes de l'Europe, ayant l'une et l'autre de sérieux intérêts sur des plages voisines, ne trouveront-elles pas, dans un avenir peu éloigné, l'occasion d'agiter et de résoudre cette question?

Le commerce européen au Maroc, quoique étant aujourd'hui de peu d'importance, pourrait être appelé d'un moment à l'autre à reprendre une grande extension. Il fut à son apogée dans les années de 1839 et 1840. Il n'existait alors que deux monopoles, celui du tan et celui des sangsues, deux articles qui ont besoin d'être en une seule main pour pouvoir donner quelques bénéfices à celui qui les exploite.

« est très difficile d'en pénétrer et d'en régler le produit. Ce qu'il y a de
« certain est qu'il fait fondre et enterrer tout l'or et l'argent qu'il en retire
« (car ces taxes ne se font ordinairement que par quintaux d'or ou d'ar-
« gent), et que toujours il tue les ministres et les confidents de ses trésors,
« afin d'être autant maître de leur secret que de leurs possessions. Ce qui
« est cause aussi que souvent il le fait fondre lui-même et le cache sans
« témoins. On estime qu'il a de cette manière plus de cinquante millions
« effectifs: Ce serait un riche trésor à envahir et une belle mine à fouiller,
« si elle était aussi facile à découvrir et à approcher. »

Tous les autres articles étaient libres, et les droits de douane à la sortie beaucoup plus modérés qu'aujourd'hui. L'exportation des céréales était permise moyennant un droit peu élevé; le blé, par exemple, payait 12 1/2 onces la fanègue de droit de sortie, l'orge 5 1/2, le maïs, fèves, pois chiches (garbanzos et autres légumes 6 onces. La laine en suint acquittait 36 onces le quintal de 54 kilog.; l'huile d'olive 40 onces; la gomme, les amandes 27 onces; les peaux de chèvres 50 onces le cent; les cuirs de bœuf secs 27 onces le quintal; les peaux de moutons en laine 80 onces les cent peaux. Aussi, à cette époque, le mouvement du commerce européen au Maroc s'élevait à plus de vingt millions de francs par année, et la part de la France sur ce commerce à près de dix millions par an; aujourd'hui, il est à peine de quatre à cinq millions, le commerce général du Maroc ne s'élevant pas à plus de seize millions, sans comprendre dans ce chiffre les expéditions de maïs et d'autres grains qui ont été exportés dans ces dernières années de Saffy, Mazagan et Casablanca pour la France et l'Angleterre. Malgré les droits élevés imposés par l'empereur, ces exportations ont pu convenir à cause de la cherté des grains sur les marchés d'Europe.

Vers l'année 1841, le gouvernement marocain, fatalement conseillé, sacrifia la liberté commerciale pour s'engager dans la voie des monopoles qui n'ont pas tardé à détruire presque complétement le commerce. Non content de monopoliser les principaux articles, le gouvernement a constamment varié, toutes les années, les droits de sortie des quelques marchandises laissées libres, en les augmentant progressivement ou en prohibant leur exportation. Ainsi, par exemple, depuis les années 1841 et 1842, le blé et l'orge sont prohibés à la sortie, et le maïs, les fèves, les pois chiches et les lentilles, qui ne payaient que de

5 1/2 onces à 6 onces la fanègue, acquittent aujourd'hui 18 onces la fanègue de droits à la sortie; impôt exagéré qui, en temps ordinaire, surpasse la valeur vénale de la marchandise, et qui n'a pu être acquitté, pendant ces deux dernières années, qu'à cause du prix élevé qu'ont atteint les vivres en Europe, à la suite de deux mauvaises récoltes suivies et de l'espèce de disette qui en est résultée tant en France qu'en Angleterre.

De tous les monopoles, le plus ruineux pour le pays et le plus désastreux pour le commerce a été certainement celui des peaux et cuirs de toutes sortes, que le gouvernement marocain obligeait les Arabes à lui remettre gratuitement, et qu'il revendait ensuite à très-haut prix, soit aux négociants pour l'exportation, soit aux tanneurs du pays. Le monopole des cuirs a ruiné à moitié le Maroc et n'a pas enrichi le gouvernement. Les Arabes n'ayant aucun intérêt à porter les peaux provenant de l'abattage au marché, puisqu'ils devaient les remettre gratuitement au gouvernement, laissaient dépérir et perdre les peaux provenant des animaux abattus pour leur nourriture.

Depuis l'établissement de ce monopole, un article très-important pour la France a presque disparu du mouvement commercial, ce sont les peaux de chèvres de Mogador. Avant le monopole, Marseille en retirait annuellement pour une valeur moyenne de 7 à 800,000 francs; aujourd'hui, c'est à peine s'il en sort pour 400,000 francs par an. Un autre article, les peaux de moutons en laine, a complètement disparu, les bouchers ayant le soin de raser les peaux avant d'abattre le mouton, ce qui fait que le très-petit nombre de peaux qui arrivent entre les mains des agents du gouvernement n'ont aucune valeur, et ne peuvent plus servir qu'à faire des cribles et de la mauvaise doublure dans le pays. En cet état, elles n'ont aucun prix en Europe.

Il y a encore un monopole qui a beaucoup influé sur la ruine du commerce au Maroc, c'est le monopole de la fabrication des *feluz* (monnaie de billon).

Le monopoliseur pouvant, moyennant une somme de......, fondre et fabriquer autant de feluz qu'il le voulait, il est arrivé que l'argent et l'or ont disparu et ont été remplacés par de mauvaises monnaies de billon, n'ayant presque aucune valeur intrinsèque et extrêmement incommode pour le commerce.

Il en est résulté que le change a été augmentant annuellement, de telle manière que la pièce de 5 francs qui, en 1842, valait à peine 16 onces, vaut aujourd'hui 20 et 21 onces en payement. Par suite de cet encombrement de monnaie de billon, le négociant se trouve obligé d'acheter des retours qui, souvent, ne laissent aucun bénéfice; mais il est forcé d'agir de la sorte pour pouvoir faire des remises en Europe. Le gouvernement marocain a, de son côté, contribué de tout son pouvoir à la hausse du change, en fraudant journellement le titre et la valeur de la seule monnaie d'argent qu'il frappe pour son compte. Ainsi, l'*once* (ou oukia en arabe) qui, en 1842, avait une valeur intrinsèque de 28 à 29 centimes, a à peine en ce moment une valeur de 16 à 17 centimes.

Le commerce européen a longtemps et très-vivement réclamé contre tous ces abus sans pouvoir rien obtenir, et l'on comprend facilement que le corps consulaire, résidant à Tanger, ait été impuissant à les réprimer. Les consulats de Suède et Norwège, de Hollande, d'Amérique, de Naples, de Portugal, d'Espagne, etc., etc., n'ont pas un seul sujet à eux établi dans le Maroc. Les seuls consulats qui avaient et qui ont des nationaux commerçants sont : l'Angleterre, la France et la Sardaigne; cette dernière puissance, qui compte une seule maison nationale a Mazagan avec succursale à Casablanca, n'était pas en position d'opposer une résistance sérieuse à de semblables abus. Quant aux consulats d'Angleterre et de France, absorbés l'un et l'autre par les affaires politiques, ils ne pouvaient songer à s'unir en ce moment pour sauver, d'un commun accord, les intérêts du commerce général. Le gouvernement marocain ne l'ignorait pas, et il a habilement profité de la circonstance pour persévérer dans son système de monopoles et de prohibitions. De plus, les deux nations les plus intéressées dans le mouvement commercial de l'Europe ne lui ayant jamais adressé de fortes représentations sur l'augmentation des droits de douane qu'il a fait subir au commerce, le gouvernement marocain n'a pas tardé à se faire un jeu de la fortune des négociants européens, qu'il peut ruiner à volonté par une variation dans les droits de douane.

Le Maroc, comme on vient de le voir, produit principalement des articles de première nécessité pour nos fabriques : des laines, (les meilleures de toute la côte d'Afrique), des cuirs et peaux, de l'huile, de la cire, des gommes, des amandes douces et amères, ainsi qu'une quantité considérable d'articles de drogueries, teinture, etc., etc.

La quantité de laines qui s'exporte annuellement du Maroc s'élève de 100 à 125 mille quintaux; on l'achetait, en 1830, 1831 et 1832, à raison de 4 à 5 ducats le quintal; l'année dernière, 1853, elle a été payée jusqu'à 22 ducats, et, cette année, elle n'est retombée à 12 ducats le quintal anglais qu'à cause de la guerre d'Orient.

Les qualités de laines sont de diverses classes; dans des mêmes parties de laines, on en rencontre de très-fines et de très-ordinaires.

Les laines de Casablanca sont généralement les plus estimées, car on y trouve, en proportion, plus de laines fines que dans celles des autres provinces. Les qualités les plus fines sont connues sous les noms de *tedla, ouerderia*; elles ne se vendent qu'à Casablanca. Les laines des provinces environnantes de Mogador sont les plus grossières. A Larache, Tanger et Tétuan, on achète des laines dites *hassenouïa*, qui pourraient lutter de finesse avec les *ouerderia*.

Les laines du Maroc sont, en général, chargées de sable et de suint; elles donnent au lavage de 40 jusqu'à 60 p. 100, suivant les provinces où elles ont été achetées.

Le commerce des laines au Maroc était exploité par des négociants indigènes et quelques Européens qui les envoyaient sur les marchés de France ou d'Angleterre. Depuis six ans, des fabricants de Paris et de Lodève ont établi divers comptoirs sur la côte, et ils font acheter les laines pour leur compte. Ils ont trouvé, outre un avantage dans les prix, celui d'avoir de meilleures laines et de pouvoir choisir les qualités suivant les besoins de leur fabrique.

La maison du baron Seillère, de Paris, tire annuellement, de tous les points du Maroc, quinze à vingt chargements de laines, de 1,000 quintaux environ chaque.

Une autre maison de Lodève, établie depuis deux ans seulement, a tiré l'année dernière huit chargements.

Le Maroc est très-fertile en grains de toutes espèces, blé, orge, maïs, fèves, lentilles, etc., etc. Il pourrait en fournir de très-grandes quantités à l'Europe; et, quoique ses ports soient moins bien situés et moins sûrs que ceux de la Mer Noire, il ne tarderait pas à rivaliser avec la Russie pour le commerce des céréales. Afin de prouver ce que nous avançons, nous dirons simplement que cette année 1854-55, le blé dur, première qualité, vaut en moyenne, sur la côte, de 4 fr. 50 c. à 5 fr. l'hectolitre, et que les Arabes seraient enchantés de pouvoir vendre à ces prix, qui sont très-avantageux pour eux, une partie de l'énorme et fabuleuse récolte qu'ils ont eue en 1854. Celle de 1856 s'annonce pour devoir être encore plus abondante.

Si le commerce des céréales eût été libre, et qu'il y eût un droit modéré sur les blés, de quel avantage n'eût pas joui l'Europe, et la France en particulier, en exportant du Maroc quelques millions d'hectolitres de blé et d'orge, qui eussent aidé à remplacer en partie ce que l'Europe retirait de la Mer Noire. Pour donner une idée de ce que le Maroc pourrait produire sous le régime de la liberté commerciale et de la fixité dans les tarifs, nous citerons seulement le fait suivant :

En 1850, le maïs valant en Angleterre 24 à 26 schellings le quarter, le Maroc exporta environ dix mille hectolitres de maïs; en 1851, environ vingt-cinq mille hectolitres; en 1852, cinquante mille hectolitres. En 1853, le prix étant à 36 et 38 schellings, le Maroc exporta plus de deux cent mille hectolitres de maïs, et, en 1854-55, l'exportation est de plus de six cent mille hectolitres, tant pour la France que pour l'Angleterre et l'Italie. Quant à la récolte de 1856, on ne peut encore en rien dire; mais, en voyant les terrains préparés pour cette culture, il y a tout lieu d'espérer que, pour peu que le temps la favorise, la récolte fournira à l'exportation au moins un million d'hectolitres. Qu'a-t-il fallu pour encourager les Arabes à semer autant de maïs? Rien, que la certitude que la sortie en était permise et qu'ils trouveraient des acheteurs. Ils n'ont pas pour cela semé moins de blé qu'à l'ordinaire; il leur a suffi de semer un peu plus de maïs.

Il en serait de même pour tous les autres produits naturels, si le système de monopoles, de prohibitions et de restrictions commerciales, si malheureusement adopté par le gouvernement marocain, ne venait arrêter le commerce européen chaque fois qu'il essaye de prendre son essor.

Il ne faut pas perdre de vue que le commerce du Maroc deviendrait un grand élément de travail pour la marine; il serait pour cette dernière une source de richesses.

Comme les produits naturels que le Maroc offre au commerce européen ne sont pas des produits riches, mais des matières premières de peu de valeur, très-encombrantes de leur nature, et qui demandent pour leur transport un grand nombre de navires, ce sont ces produits qui présentent le plus grand avantage pour la marine, vu qu'ils lui assurent un travail continu.

Sous le régime de la liberté commerciale, le Maroc est destiné à être l'un des points les plus importants du monde; la fertilité de son sol est proverbiale; il pourrait devenir le grenier de l'Europe et lui offrir un débouché pour les produits de son industrie.

Le Maroc, n'ayant aucune fabrique, est tributaire de l'Europe pour tout ce qui est manufacture de coton, laine et soie, fer, acier et métaux, denrées coloniales, épices, drogues, bois de Suède, etc., etc.

Pour voir le commerce du Maroc reprendre l'importance qu'il avait dans les années de 1841 et 1842, et pour redonner de la confiance aux maisons de France, et principalement à celles de Marseille, il suffirait d'obtenir, par un bon traité de commerce, du gouvernement marocain, et cela pour un terme d'au moins quinze ou vingt ans, les conditions suivantes :

1. Abolition complète de tout monopole ou restriction com-

merciale, tant à l'importation qu'à l'exportation; liberté absolue de commerce à l'intérieur, et faculté entière aux Arabes de pouvoir vendre leurs produits où bon leur semble.

2. Fixation d'un tarif de douanes modéré et dans lequel serait compris tous les articles que peut produire le Maroc, sans exception, et, pour les marchandises d'Europe, un droit en nature de 10 p. 100, comme il se perçoit aujourd'hui. Pour ne plus voir le même article tarifé différemment, selon qu'on le charge à Mogador ou à Magazan, ce tarif devrait être invariable et fixe pour tous les ports du Maroc.

3. Obtenir du sultan que tous les droits de douanes soient payés au comptant, et qu'il ne soit plus accordé de crédit à la douane, soit aux indigènes, soit aux Européens. Cette condition serait tout à l'avantage de son trésor; car, si l'empereur voulait encaisser les sommes ainsi confiées aux uns et aux autres, l'administration n'en retirerait certainement pas le 10 p. 100, la plupart de ceux à qui elle a fait crédit étant aujourd'hui ruinés.

4. Recevoir du gouvernement marocain l'assurance formelle que la monnaie serait fixée à un taux invariable, et qu'il ne serait plus accordé aucun permis pour fondre des *feluz* ou tout autre monnaie de billon; le pays en possède actuellement pour une centaine d'années.

5. Obtenir de l'empereur que les agents des négociants européens, dans l'intérieur, ne seront plus sujets, à l'avenir, aux vexations et aux avanies des pachas, et qu'ils devront être respectés. Et qu'enfin, sous aucun prétexte, les pachas ou alcaïdes ne pourront saisir et prendre la marchandise pour se payer des amendes ou contributions forcées.

En obtenant du gouvernement marocain ces cinq conditions, on ne tarderait pas à voir le commerce européen dans le Maroc reprendre son essor et entrer dans une ère de prospérité dont on ne se doute pas.

Il appartenait au représentant de la Grande-Bretagne, cette nation industrielle par excellence, de prendre l'initiative pour obtenir de l'empereur du Maroc la sage application des différentes mesures que réclamait depuis longtemps l'intérêt européen. Ce fut dans ce but qu'au mois de février 1855, M. Drummond Hay, chargé d'affaires de S. M. la reine d'Angleterre à Tanger, reçut l'ordre de son gouvernement de se rendre à Maroc auprès de l'empereur.

Les négociations du traité anglo-marocain étant actuellement pendantes à Tanger, on comprendra que nous n'en parlions qu'avec une extrême réserve. Nous dirons seulement, tout en payant un juste tribut à l'habileté incontestable du chargé d'affaires de la Grande-Bretagne, que, s'il y avait lieu d'espérer qu'un plein succès vienne couronner les efforts de la mission anglaise, toute la machine gouvernementale du Maroc serait renversée sans coup férir ; mais nous ne pensons pas que la voie diplomatique puisse suffire pour conquérir une contrée barbare à la civilisation ! Un prochain avenir ne tardera d'ailleurs pas à nous fixer sur ce point.

NOTE III.

LA VILLE DE TANGER. — SA DESCRIPTION. — LE JARDIN DE SUÈDE. — VISITE A LA KASBAH. — UN HOMME SOUS LE BATON. — LE PALAIS DE LA KASBAH. — SES GALERIES ET SES JARDINS. — HADJ-MOHAMMED-BEN ABD-EL-MALEK-BEN ABOU, PACHA DE TANGER.

Tanger est située au fond de la baie dont elle porte le nom, près du cap Spartel, et faisant face au cap Malabat, sur la côte d'Afrique. La ville s'élève sur une hauteur près de la baie. Antérieurement à la domination romaine, Tanger, qui portait alors le nom de Tingis, joua un grand rôle dans l'histoire, et fut fondée, dit-on, par Antée. Tombée d'abord au pouvoir des Visigoths d'Espagne, elle passa ensuite aux Arabes, à diverses dynasties maures, et enfin, vers l'année 1472, fut occupée par les Portugais. En 1662, Alphonse VI la céda, comme dot de Catherine, sa sœur, au roi d'Angleterre Charles II; mais, en 1684, les Anglais, après avoir détruit le môle qui abritait le port, l'abandonnèrent. Ce fut dans cette même année que les Marocains en prirent possession, et ils l'occupent depuis cette époque.

La baie de Tanger passe généralement pour offrir un mouillage dangereux pendant la saison d'hiver. Nous devons dire cependant que, d'après l'opinion émise par des hommes compétents, cette baie serait sinon supérieure, du moins égale à celle de Gibraltar.

A une certaine distance de la terre, l'aspect de Tanger n'est pas désagréable. La ville s'élève sur un plateau qui va mourir, à gauche, dans les plaines basses et sablonneuses de la rivière du vieux Tanger, et qui s'étend, à droite, un peu plus loin, sur la route de Fez. Un grand nombre de maisons d'une blancheur éclatante, avec des encadrements rouges ou jaunes, le dôme de quelques mosquées construit avec de petites pierres de différentes couleurs qui imitent assez bien la mosaïque, le solide édifice de la Kasbah qui est la résidence des gouverneurs, le palais de France orné de son élégant belvéder, tel est l'ensemble qui frappe les yeux et qui séduit assez avant de descendre à terre. Tout autour de la ville, les murailles, garnies de meurtrières démantelées, offrent un aspect pittoresque qui éveillent l'idée d'une force passée. Mais, à mesure que l'on se rapproche de la terre, une partie du charme s'évanouit, et bientôt, quand on passe du canot sur les épaules de quelque vigoureux juif qui entre dans l'eau jusqu'à la ceinture pour compléter le débarquement du voyageur, ce mode de transport ne vous laisse plus la moindre illusion. Quand il n'offre pas de danger sérieux, il entraîne presque toujours des accidents qui ne manquent pas d'un côté comique. Il est vraiment honteux, pour une ville qui n'est distante que de quelques lieues de l'Espagne et de Gibraltar, qu'il n'y ait pas d'autre mode de débarquement comme d'embarquement pour les hommes et les marchandises. Cependant, on pourrait relever facilement le môle détruit par les Anglais en 1684, et construire, sur l'emplacement où l'on débarque, un superbe quai qui servirait de promenade; car la nature y a groupé des éléments qui, en faisant supposer un passé qui n'est plus, laissent espérer un avenir qui n'est pas encore. En attendant, tous les décombres de la ville s'entassent en cet endroit où tout indique l'abandon le plus complet. De là, on monte dans la ville où l'on arrive en peu d'instants.

Nous avons pris sur la droite du point où l'on débarque, et nous voilà, après avoir passé les deux portes de la marine, dans la rue principale de Tanger. Donnons-en une idée. Les maisons situées dans cette rue forment entre elles, à chaque pas, quelque nouveau contraste. L'ancien palais de France, dont une partie tombe en ruines, domine les étroites habitations des humbles habitants; l'élégant palais de Suède, orné des riantes fantaisies de nos modes et de notre industrie, s'ouvre en face d'une méchante échoppe; une jolie maison, habitée par une riche famille juive, est entourée d'un assemblage de bâtisses irrégulières et de la plus chétive apparence. A mesure que l'on avance dans cette rue, on n'aperçoit plus que des voûtes humides et enfumées dans lesquelles l'Européen a peine à comprendre que l'on puisse vivre; la population Arabe y vit cependant, et, chose digne de remarque, est exempte, en général, de la plupart des maladies qui atteignent l'Européen dans le confort de ses habitations. A l'exception de cette rue principale, qui porte le nom de Grande-Rue, et dans laquelle se tient le marché deux fois la semaine, il n'y a plus à Tanger qu'une multitude de petites ruelles fangeuses remplies de toutes sortes d'immondices qui en rendent l'entrée presque impénétrable. Dans ces rues, il n'y a pas une seule maison qui ait une porte haute et large; on y entre par un passage voûté plus ou moins long qui conduit à la cour. Chaque habitation forme un carré dont le milieu est à ciel ouvert. Les appartements, pour la plupart longs et étroits, s'étendent sur les quatre angles et prennent jour par une galerie intérieure. Les maisons n'ont, en général, qu'un étage; les plus confortables, qui sont un peu plus élevées, ont une terrasse entourée d'une balustrade à jour qui ne manque pas d'élégance. Ces terrasses sont d'une immense ressource dans un pays où il n'y a pas une seule promenade publique et dans lequel la société n'offre aucun attrait. La plus belle terrasse qu'il y ait à Tanger est, sans contredit, celle du nouveau palais de France, d'où la vue s'étend sur toute la ville, sur la campagne et sur la mer. A l'exception des palais consulaires, construits à l'européenne, il y a fort peu de maisons à Tanger qui aient des fenêtres sur la rue; celles qui en ont sont si rares aujourd'hui encore qu'on les compte. Construites pour la plupart à la mauresque, les maisons sont fort incommodes. Malgré le voisinage de l'Espagne et de Gibraltar, l'usage des cheminées et des poêles n'a pas encore été introduit au Maroc; il n'y a presque pas de maisons qui aient de cheminées; et cependant, elles sont indispensables, sinon pour le froid qui se fait rarement ressentir à Tanger, du moins pour l'humidité dont rien ne peut garantir. Un mauvais brazzero en terre cuite rouge supplée, dans les maisons qui n'ont pas de cheminées, à cette partie si indispensable des nôtres, et, pour se garantir du froid, les indigènes s'enveloppent dans leurs manteaux ou dans leurs couvertures.

Grâce aux terrasses plates qui couvrent les maisons, l'acpect de Tanger est assez gai; il y a dans toutes les rues de l'air et du jour, quoique les bâtisses soient très-rapprochées les unes des autres, et qu'il n'y ait, à l'exception des palais consulaires, aucun jardin dans l'intérieur de la ville; mais, aux extrémités de la ville, dans toutes les directions, ce ne sont que jardins dans lesquels on cultive plus l'utile que l'agréable.

Les chargés d'affaires de chaque nation qui résident à Tanger ont aussi leur jardin aux environs de la ville. Parmi ces jardins, il en est deux seulement qui présentent une belle apparence : ce sont ceux d'Angleterre et de Suède; je dirai même que le jardin de Suède passerait pour beau dans tous les pays. Son propriétaire, uniquement occupé d'en faire un lieu de plaisance, a dépensé, dans les plantations diverses qui y ont été effectuées, la somme énorme, pour le pays, de 150,000 francs environ. Aussi ce jardin, placé à une des portes même de la ville, offre-t-il une grande ressource; car son propriétaire actuel, M. d'Hérénoff, consul général et chargé d'affaires de Suède au Maroc, en fait les honneurs avec une aménité si parfaite, que l'on peut dire, sans crainte d'être contredit, qu'il a rendu cette propriété particulière la seule promenade de Tanger.

On ne trouve à Tanger aucun monument digne de ce nom; il n'y a qu'une seule mosquée qui offre quelque apparence, ainsi que le fort de la Kasbah. La Kasbah est un édifice assez régulièrement construit comme citadelle, mais, dans l'état d'abandon complet où elle se trouve depuis plusieurs années, elle nécessiterait d'immenses réparations pour résister à une attaque sérieuse. Elevée sur un monticule qui domine la ville et la rade de Tanger, la vue, de ce côté, s'étend sur un magnifique panorama. Près de la porte d'entrée de la Kasbah se trouve une petite plate-forme, longue de cinq mètres sur une largeur de trois mètres et demi; le voyageur croirait volontiers qu'elle a été élevée à dessein, en cet endroit, pour que les étrangers puissent jouir plus à leur aise de la superbe vue qui se déroule à leurs yeux.

Quand je visitai la Kasbah, il faisait une de ces brillantes journées dont le mois de mai a seul le privilège dans ces climats, et je ne pouvais me lasser d'admirer le spectacle qui s'offrait à mes regards. Assis à l'extrémité de cette plate-forme, du côté faisant face à la mer, j'apercevais, à ma droite, les montagnes de Tétuan, dont le sommet, couvert de neige, formait le plus étrange contraste avec la riante verdure que je ne pouvais me lasser d'admirer sur les côtes d'Espagne qui se dessinaient à ma gauche. Un peu plus loin, je commençais à apercevoir Gibraltar, quand le soldat qui m'accompagnait me fit remarquer que la plate-forme sur laquelle je me trouvais, et d'où la nature m'apparaissait si souriante en ce moment, était le lieu de supplice des malheureux condamnés à passer sous le bâton. Quelques gouttes de sang que j'aperçus alors, et que j'avais prises pour un peu de couleur rougeâtre dont les habitants du pays font un grand usage pour peindre les portes et le soubassement des murs de leurs maisons, me rappelèrent les mœurs sauvages de cette nation. Depuis mon arrivée à Tanger, j'entendais parler du supplice qui consiste à faire mettre un homme sous le bâton; mais j'avais été assez heureux pour ne pas le voir, quand, un dimanche, j'assistai, bien malgré moi, à un de ces actes de sauvagerie, et voici comment : La maison que j'occupe ayant plusieurs fenêtres qui donnent précisément en face de la Kasbah, mon attention fut attirée un matin par un grand tapage que l'on entendait au dehors; j'aperçus bientôt, devant la porte de la Kasbah, une partie de la population chantant, gesticulant, et lançant dans l'air des cris que je ne saurais mieux comparer qu'à ceux que poussent, en Europe, la populace à l'anniversaire de quelques glorieuses journées. Au devant de cette foule compacte, on apercevait distinctement un malheureux jeune homme, n'ayant pour tout vêtement qu'un petit caleçon fort court, comme ceux dont on se sert généralement dans les écoles de natation de Paris; à côté de lui se tenaient plusieurs soldats armés, non pas de fusils, mais de bâtons; un peu plus loin, on voyait une vache dont la queue était coupée. Cet infortuné jeune homme, accusé d'avoir soustrait la vache en question, avait été condamné, pour ce crime, à recevoir deux cent cinquante coups de bâton et deux cent cinquante coups de verges sur le dos (1). Au moment où les soldats le saisirent pour le coucher à plat ventre sur la plate-forme dont j'ai déjà parlé, et que, ce jour-là, je n'avais pu reconnaître à cause de l'éloignement et des nombreux assistants qui la dérobaient à mes regards, un houra général se fit entendre : c'était le signal du supplice. Aussitôt le malheureux, les mains fortement liées sur le ventre, fut renversé sur la plate-forme, et les soldats se mirent en devoir de commencer l'exécution. A mesure qu'ils frappaient, on entendait le contre-coup résonner à une assez grande distance, et les gémissements du supplicié venaient se mêler aux voix de la foule, qui comptait chaque coup des exécuteurs avec l'impassibilité que nous mettrions à rénumérer nos points dans une partie de cartes ou de billard. Lorsqu'il arrive qu'un des exécuteurs se sent fatigué, il est aussitôt remplacé par un autre que l'on choisit parmi ceux qui font partie du cadre de réserve; car, dans ces exécutions sanguinaires et barbares, tout est calculé comme s'il s'agissait de quelque brillant fait d'armes. Bien triste victoire cependant que celle remportée par un général dont les soldats font l'office de bourreaux !

Quand le condamné eut reçu les deux cent cinquante coups de bâton, on le releva tout meurtri et on le présenta à la foule sa-

---

(1) Ces verges sont des lanières de cuir dont les coups sont aussi meurtriers que ceux du nerf de bœuf.

tisfaite ; un instant après, on le replaça de nouveau sur la plateforme, et les soldats lui assénèrent alors les deux cent cinquante coups de verges qu'il lui restait à recevoir. Cette opération terminée, quand on releva pour la seconde fois le patient, il avait la peau aussi noire que de l'encre, depuis l'extrémité du col jusqu'au bas des reins, et le sang s'en échappait à plusieurs endroits. C'est à peine si le malheureux pouvait encore pousser quelques gémissements, et pourtant, pour que la sentence des juges ait reçu son entière exécution, il lui restait à endurer un dernier raffinement de barbarie dont il n'était pas quitte. Les soldats s'emparèrent de ce cadavre respirant encore, et, plongeant sans pitié leurs doigts dans ses chairs meurtries, ils lui passèrent autour du col la queue de la vache volée qui, par ordre de l'autorité, avait été coupée la veille du supplice du condamné ; puis ils attachèrent fortement le patient sur un cheval vigoureux, au moyen de cordes qui enlaçaient ses jambes sur le dos de l'animal, et deux soldats, passant alors leurs mains sous les aisselles du condamné pour le maintenir sur sa monture, le cortège se mit en marche pour descendre en ville, dans l'ordre qui suit :

Venait d'abord un chef de la milice escorté de plusieurs soldats, et, un peu après ces derniers, un autre soldat tenant le cheval par la bride. Derrière le cheval, il y avait encore deux soldats que frappaient le patient, et, après ces derniers enfin, une foule compacte faisant retentir l'air de ce cri : Voilà comment on traite les voleurs !

Le fort de la Kasbah est situé, comme je l'ai dit, sur le sommet d'une petite colline qui domine la ville. Aussi, pour monter au fort ou en descendre, le trajet ne dure pas moins de dix minutes, et la pente en est fort rapide. Il est facile de comprendre les tortures inouïes que doit subir le malheureux que l'on place nu et meurtri sur un animal plein de vigueur, et les angoisses qu'il éprouve à chaque soubresaut du cheval qui, entraîné par une pente rapide et aiguillonné par les cris de la populace, doit secouer le patient de telle sorte qu'un pareil trajet, exécuté de la même façon en pleine santé, serait intolérable. Que peut-il être dans une semblable position ? Après avoir parcouru deux fois la principale rue de la ville, le cortège retourne à la Kasbah par le même chemin. Arrivé dans la première cour, les soldats dispersent la foule, détachent le patient et le transportent à la prison ; il n'y trouve, pour guérir ses blessures, que les dalles froides et humides de son cachot, et il y est renfermé jusqu'à ce qu'il meure ou que le hasard le guérisse. Il y a certainement peu d'Européens qui résisteraient à un semblable traitement ; mais, chose étrange cependant, il est rare qu'un Arabe y succombe ; on en cite même qui, perclus de la plupart de leurs membres, sont arrivés à un âge assez avancé quoique ayant été mis sous le bâton à plusieurs reprises. Quoi qu'il en soit, n'est-il pas triste de se dire que de semblables faits, qui donnent une si juste idée de l'organisation sociale de ce peuple, se passent à deux pas de l'Europe civilisée ?

L'intérieur de la Kasbah ne présente, sur la première cour, qu'un assemblage irrégulier et disgracieux de constructions sans élégance et sans grandeur. En entrant dans la seconde cour, à droite, on aperçoit un corps-de-garde et la prison. Ces deux bâtiments, qui paraissent avoir été élevés longtemps après la construction du fort, n'offrent rien de remarquable.

La Kasbah est, comme nous l'avons dit, l'ancien palais des gouverneurs ; la plupart des pachas de Tanger y ont résidé depuis 1834 jusqu'en 1849. Le palais, qui présente un aspect assez pittoresque, figure un carré long, dont les quatre côtés, soutenus par des piliers de marbre blanc, sont occupés par des galeries couvertes, où l'on arrive par une vaste cour au milieu de laquelle s'élève un jet d'eau. Les plafonds et les portes sont en bois sculpté, d'un travail très-soigné. On remarque surtout, dans ces quatre galeries, de petites armoires dont quelques-unes des portes sont de véritables chefs-d'œuvre d'art. Ces armoires, vides aujourd'hui, servaient dit-on, autrefois à renfermer de riches porcelaines de chine. Les galeries, qui donnent accès sur plusieurs jardins plantés d'orangers et de citronniers, sont parfaitement pavées; c'est un assemblage de petites pierres de différentes couleurs qui jouent, à s'y méprendre, les plus belles mosaïques. Le reste du palais est recouvert de dalles en marbre blanc. Le palais de la Kasbah à Tanger est le seul monument qui soit digne d'attirer l'attention du voyageur.

Le pacha de Tanger est principalement chargé de la police intérieure de la ville et du commandement des troupes, si on peut donner ce nom à une poignée de bandits indisciplinés qui s'élèvent à environ deux cents hommes. Ce haut fonctionnaire ne touche pas moins de 70 francs d'appointement par mois, ce qui, honneur à part et pécuniairement parlant, assimile sa position de gouverneur au Maroc à celle d'un petit commis, en France, dans une maison de commerce ou de banque. Il est vrai d'ajouter que les ministres de l'empereur ne reçoivent qu'un traitement analogue, et que ministres et pachas ne l'augmentent considérablement que par des exactions de tout genre; car, comme nous avons déjà eu l'occasion de le démontrer, au Maroc, la vénalité et l'injustice font toujours la base de l'administration, et l'autorité ne s'inquiète même pas de sauver les apparences. Dans ce pays de despotisme par excellence, les fonctionnaires publics ne rendent la justice qu'à ceux qui leur offrent le plus d'argent, ou bien à quelques protégés qui réussissent à faire jouer en leur faveur les ressorts de l'intrigue ou l'appui du consulat qui leur accorde sa protection.

Le pacha actuel de Tanger est Hadj-Mohamed-Ben-Abd-El-Malek-Ben-Abou. Ce personnage joue au Maroc un rôle assez important pour que nous lui consacrions quelques lignes. Il est âgé d'environ soixante-cinq ans, a une taille élevée, le teint brun foncé, et l'ensemble de sa physionomie présente un air de férocité qui démontre, mieux que ne le ferait la plume la plus exercée, que c'est un des plus grands coquins d'un empire qui en renferme cependant un grand nombre. Ignorant comme la plupart de ses co-religionnaires, il gouverne d'une manière peu paternelle, et l'administration est peut-être moins éclairée aujourd'hui qu'elle ne l'était sous ses prédécesseurs. Ce pacha, qui est un sot et un grand ivrogne, poussé par l'ignorance et la flatterie, se croit un grand homme, se drape dans sa grandeur musulmane, tranche du potentat, et fait trembler son pachalick qu'il domine de la manière la plus absolue. L'autorité s'exerce en son nom; les soldats ne dépendent que de lui seul, et c'est à qui sera assez heureux pour obtenir la protection de cette excellence, qui ne s'occupe des affaires publiques que pour commettre des extorsions et des iniquités de tout genre.

Tel est en peu de mots, dans ses relations avec ses compatriotes, Hadj-Mohammed, qui gouverne le pachalick de Tanger. Cependant, au milieu de sa passion prédominante pour la boisson qui mine les derniers vestiges de son intelligence, ce pacha conserve encore quelques rares moments de lucidité qu'il consacre aux affaires à traiter avec les Européens. Il faut reconnaître même que, dans ces circonstances, il fait preuve d'un si grand charlatanisme, qu'il lui arrive encore de dire ce qui doit plaire et de faire parade de nobles sentiments en présence de ceux dont il désire l'approbation. Comme la plupart de ses compatriotes, quoique étant d'une nullité désespérante, il possède au suprême degré l'art de la flatterie, ce qui lui a valu de passer parmi quelques rares agents des puissances chrétiennes pour un novateur énergique; mais, quand on connaît les habitudes et le caractère de Hadj-Mohammed, il n'est plus permis de partager cette illusion.

Je dois dire cependant que, depuis que ce despote enivré, qui s'est emparé de tout dans son gouvernement, a été nommé pacha de Tanger, les crimes et les délits sont devenus fort rares, et, quoique ce ne soit point à la sagesse de son administration que l'on doive de jouir d'une plus grande tranquillité, mais simplement à la férocité de son caractère tellement redouté qu'aucun Arabe n'ose plus rien entreprendre sans sa permission, je ne lui en rends pas moins la justice de reconnaître le bien qui a été fait depuis sa nomination au pachalick de Tanger. Blâme ou louange, tout doit remonter à celui qui a le pouvoir et de qui tout émane; à ce titre donc, que ce qu'il y a eu de bien sous l'administration du pacha Hadj-Mohammed prenne place ici à côté des iniquités de son pouvoir. Une répression terrible des crimes, la disparition de la plupart des délits, la sécurité sur presque toutes les routes du pachalick, tels sont les titres du pacha Hadj-Mohammed à la reconnaissance de ses concitoyens ; mais c'est là tout ce que le pays gagnera jamais à son administration. En effet si, d'un côté, la terreur qui s'attache au nom du pacha Hadj-Mohammed procure aux contrées qu'il gouverne une tranquillité essentiellement précaire, puisqu'elle ne puise sa source que dans un excès de terreur, d'un autre côté, nous ne devons pas perdre de vue que les instincts farouches de sa nature n'étant point tempérés par son intelligence abrutie par la boisson et les excès de toutes sortes, il est tout-à-fait impossible que le pacha Hadj-Mohammed-Ben-Abd-El-Malek-Ben-Abou fasse jamais jouir son pachalick d'une prospérité qui manque, du reste, à presque toutes les provinces mahométanes.

NOTE IV.

Population de Tanger. — Les femmes juives. — Leurs mœurs. — Leurs fêtes.

La population de Tanger se compose de Maures, de Chrétiens et de Juifs : les Maures y figurent pour huit mille âmes environ et les Juifs pour trois mille.

Les femmes juives de Tanger ont une grande réputation dans le monde des touristes. D'une taille moyenne, en général, elles ont des traits remarquables, les dents d'une blancheur éclatante, des chevelures noires et soyeuses tombant jusqu'aux talons, un pied presque toujours mignon, une taille élégante et de très beaux yeux surtout, où la volupté se cache jusque sous ses replis les plus secrets. Ces femmes paraissent, du reste, créées pour le plaisir; elles se livrent rarement à des travaux utiles; et je ne saurais mieux les dépeindre au physique, qu'en rappelant ici l'opinion émise à leur sujet par un de nos écrivains aussi aimable que distingué, qui, tout en reconnaissant l'extrême laideur des Juifs, se plait à payer un juste tribut d'admiration à la beauté de leurs femmes.

Théophile Gauthier a dit, en effet, quelque part :

« Les Juifs, repoussés ou mal vus par les Espagnols qui, s'ils
« n'ont plus de religion, ont encore de la superstition, abondent
« à Gibraltar devenue hérétique avec les mécréans d'Anglais;

« ils promènent par les rues leurs profils au nez crochu, à la
« bouche mince, leur crâne jaune et luisant coiffé d'un bonnet
« rabbinique posé en arrière, leurs lévites râpées de forme
« étroite et de couleur sombre. Les Juives qui, par un privilége
« singulier, sont aussi belles que leurs maris sont hideux, por-
« tent des manteaux noirs à capuchons bordés d'écarlate et d'un
« caractère pittoresque. Leur rencontre vous fait penser vague-
« ment à la Bible, à Rachel sur le bord du puits, aux scènes
« primitives des époques patriarcales ; car, ainsi que toutes les
« races orientales, elles conservent dans leurs longs yeux noirs
« et sur leur teint doré le reflet mystérieux d'un monde
« évanoui. »

La mise des femmes juives de Tanger est fort modeste habi-
tuellement, mais elle est d'une extrême richesse les jours de fête
et d'apparat. Si on assiste à un mariage, par exemple, on peut
remarquer que les plus fortunées d'entre elles portent ce jour-là
des toilettes dont le prix ne laisserait pas que d'effrayer nos
élégantes Parisiennes. Dans ces occasions, leur robe est, en général, de brocard d'or, et elles sont couvertes de bijoux ; j'en ai
vu, pendant ces jours de galas, dont la toilette s'élevait certainement à plus de 5,000 francs. Entre la jupe de la robe, qui
descend jusqu'à la cheville, et le corsage, elles s'enveloppent le
milieu du corps d'une longue et large ceinture de soie richement
brodée d'or ; quelques-unes de ces ceintures coûtent seules jusqu'à 500 francs. Leur parure se compose généralement de col-
liers et de boucles d'oreilles ; c'est, du moins, à ces deux bijoux
qu'elles attachent le plus grand prix. Le collier est presque
toujours formé de perles et d'émeraudes, ainsi que les boucles
d'oreilles. Ce dernier joyau présente une forme fort singulière
pour l'usage qu'en font les femmes juives ; car ces boucles

d'oreilles ne sont, à vrai dire, que les bracelets dont nos femmes se parent en Europe. Les Juives ont tellement l'habitude de porter ce bijou, que son poids et son volume ne paraissent les incommoder en aucune façon. Elles portent également des bracelets d'argent aux chevilles et se chaussent avec des babouches de velours brodé.

Notre intention n'est pas de décrire, à propos des Juives et des Juifs de Tanger, les fêtes nombreuses qu'ils célèbrent chaque jour, nous nous bornerons à celles qui offrent une solennité particulière. Les cultes divers, tous également tolérés, célébrant alternativement leurs cérémonies, il en résulte qu'une partie des habitants est presque toujours en chômage. Tantôt, durant une semaine, on entend retentir chaque nuit les chants plaintifs des Juifs qui illuminent les cours de leurs maisons recouvertes de branches d'arbres en forme de tonnelles; tantôt, pendant un mois de suite, ce sont des processions d'Arabes qui parcourent les rues de la ville en chantant et en mêlant leurs chants à une musique peu harmonieuse.

Pour les Juifs, les principales fêtes sont celles que l'on célèbre pour leurs Pâque. Parmi leurs fêtes de Pâques, qui se renouvellent plusieurs fois dans l'année, il n'y en a, en réalité, que trois qui méritent d'être citées. La première est le Pesah ou Pâques des galettes, ainsi nommée, parce que les Juifs la célèbrent en ne mangeant que des galettes; elle tombe en avril. On ne peut employer, pendant cette Pâque, aucun objet qui ait été servi dans le courant de l'année. Les deux premières nuits, chaque Juif est obligé de boire quatre verres de vin, dont deux avant de commencer le dîner et deux après (1); ils font ensuite

(1) Cette obligation s'étend même aux enfants en bas âge.

bue prière, invoquant le souvenir de la sortie des Israélites d'Egypte, et dans laquelle le mot Pesah se trouve plusieurs fois répété. Pesah, qui signifie pitié, veut dire que le Dieu d'Israël a eu pitié des Juifs en les faisant sortir de l'esclavage d'Egypte.

Un mois avant la célébration de cette Pâque, les Juifs font deux jours de carnaval pour fêter le *Purim*. Cette fête se célèbre en mémoire du jour où Esther sauva les Juifs qui allaient périr par les ordres du redoutable Aman, ministre d'Assuérus, roi de Perse. Le mot *Purim* signifie *sorts*, et l'on donne ce nom à la fête à cause du sort qui avait été jeté sur les Israélites. Le Purim dure deux jours, que l'on emploie à s'envoyer des présents et à se réunir dans des banquets pendant la durée desquels la plus franche cordialité ne cesse de régner parmi tous les membres de l'innombrable famille d'Israël.

Dans chaque ville, chaque province, les Juifs célèbrent le Purim non-seulement comme un jour de joie dont le souvenir doit toujours être cher, mais encore comme un devoir prescrit par le chapitre 9 du livre d'Esther.

La seconde Pâque porte le nom de Pâque du Sabouhot ou de la Pentecôte; elle tombe à la fin de mai, ne dure que pendant deux jours, et se célèbre en faisant à la synagogue les prières ordinaires. La célébration de cette Pâque rappelle aux Juifs le moment où Dieu a donné à Moïse, sur le mont Sinaï, les tables de la loi.

Enfin, la troisième Pâque est celle de Sucott ou de Cavanès, qui a lieu dans le mois de septembre. Avant cette époque, chaque Juif élève dans sa maison une tonnelle qu'il garnit de lauriers, et, pendant huit jours, il ne peut manger ni boire dans aucune autre pièce de sa maison. Cette Pâque rappelle aux Juifs le pélerinage de leurs ancêtres dans le désert avant leur entrée dans la Terre-Sainte.

En outre de ces trois Pâques, les Juifs ont le jour de Kipour, qui veut dire pardon. Ils passent, ce jour-là, vingt-quatre heures sans rien manger ni boire, et ils restent toute la journée, depuis cinq heures du matin jusqu'à sept heures du soir, sans sortir du temple, où ils prient Dieu de leur pardonner les fautes qu'ils ont commises pendant l'année.

Ils ont aussi le jour de Tisaabeab, qui signifie le neuvième jour du mois de ab. Leur mois de ab correspond à notre mois d'août. Le neuvième jour du mois de ab, les Juifs restent au temple depuis le matin jusqu'à midi; ils y pleurent et font des prières en souvenir de la destruction de la ville de Jérusalem.

Le samedi, chez les Juifs, est le jour consacré au repos, qui correspond chez nous au dimanche; le Juif, ce jour-là, ne peut, sous quelque prétexte que ce soit, se livrer à aucun travail; ceux d'entre eux qui sont obligés de travailler pour vivre s'arrangent de façon à faire leur travail le vendredi pour le samedi. C'est ainsi qu'un domestique préparera son dîner à l'avance, de même que tout le travail auquel il se livre d'habitude; mais, s'il vous arrivait de lui demander, le samedi, une chose qu'il ne pourrait pas avoir prévue ou préparée, telle que du feu, par exemple, pour allumer un cigare, il serait dans l'impossibilité d'exécuter vos ordres. En un mot, le samedi, on ne peut pas obtenir d'un Juif la chose la plus simple, car tous, indistinctement, observent ce jour de repos avec une extrême rigidité.

NOTE V.

Mœurs des femmes musulmanes. — Un mariage au Maroc. — Fondation d'un hôpital a Tanger. — Religion des Mahométans. — Leurs fêtes. — Fanatisme des Maures.

Au rebours des femmes juives, qui ne paraissent créées que pour le plaisir, les femmes arabes sont ici méprisées et accablées des travaux les plus pénibles. Chaque jour, ces énergiques créatures arrosent la terre de leur sueur; dans la campagne, on les aperçoit dès l'aube, s'occupant à donner de l'orge aux chevaux ou bien allant puiser de l'eau à quelque puits qui se trouve presque toujours à une assez grande distance de leur douar. Quand elles vont faire leurs provisions de bois, elles sont quelquefois obligées de s'éloigner de leur habitation jusqu'à une distance de trois et quatre lieues, et, en été, on peut les voir alors sur le chemin, par une chaleur accablante, se traînant péniblement sous le poids de leur fardeau. Ces occupations journalières ne les empêchent pas de se livrer au soin du ménage. En un mot, au Maroc, les femmes sont chargées des travaux qui, chez toutes les nations civilisées, appartiennent exclusivement à l'homme.

Les femmes de la campagne ne portent pour tout vêtement qu'une longue chemise en laine; elles marchent pieds nus et montrent, en général, leur visage découvert. Les moins barbares sont celles que l'on rencontre sur les côtes, la Mauritanie tingitane et le royaume de Fez. Quant à celles qui habitent dans l'intérieur des villes, il est bien difficile de pouvoir en parler, car la réclusion qu'elles subissent rend toute intervention étrangère impossible.

Elles ne sortent jamais dans les rues de la ville; celles que l'on y rencontre appartiennent en général à la classe pauvre, et encore, elles se tiennent, pour la plupart, le visage si soigneusement couvert par un grand voile blanc qui les enveloppe en entier, que c'est à peine si on aperçoit leurs yeux, ce qui les rend méconnaissables, car elles portent toutes le même costume. La seule manière d'apercevoir la femme d'un Maure aisé est d'habiter non loin de sa maison. Il arrive alors quelquefois que, quand les femmes se promènent sur les terrasses de leur habitation, on les voit assez distinctement. Quelques-unes d'entre elles se prêtent parfois volontiers à écarter un peu le voile qui les enveloppe; j'en ai vu même qui ont poussé la complaisance jusqu'à le laisser glisser pour un moment sur leurs épaules. Je dois avouer cependant que, loin d'apercevoir une de ces féeriques beautés dont quelques écrivains ont parlé, il ne m'est jamais arrivé, pendant tout le temps de mon séjour au Maroc, de rencontrer, parmi les femmes de la classe musulmane aisée, un seul type digne de remarque. Quant à celles de la classe secondaire de la population, je n'en parlerai que pour faire ressortir leur laideur, leur dénûment et leurs haillons. Toute l'éducation que reçoit une femme au Maroc consiste à balayer, à laver, à entreprendre les plus lourds travaux de la maison et à faire la cuisine. En dehors de ces différents ouvrages, dont les femmes s'acquittent, il est vrai, en véritables bêtes de somme, il n'y a plus rien à en espérer, car il n'en est point parmi elles une seule qui sache lire.

Les Mahométans prétendent qu'il doit en être ainsi, parce que la femme n'est qu'un meuble utile.

Lorsqu'une jeune Musulmane est demandée en mariage, il n'est pas d'usage que sa mère ou elle-même en ait connaissance; il suffit que le père ait donné son consentement pour que le mariage ait lieu quand il le juge convenable. Au Maroc, il est même rare que la promise n'ignore pas jusqu'au nom de son fiancé, car, quand le mariage a été décidé entre le père du jeune homme et celui de la jeune fille, le fiancé envoie plusieurs de ses amis à la maison de la future pour obtenir à son tour le consentement des parents.

Dans ces circonstances, aussitôt que la visite des amis du fiancé est annoncée, le père de la promise les reçoit dans la cour de sa maison, pendant que sa mère, qui, d'après la loi musulmane, ne peut pas se montrer devant les hommes, a le soin de se tenir cachée derrière une des portes de l'habitation, de manière à pouvoir entendre tout ce qui se dit sans être vue.

Le père, après avoir fait connaître au public son consentement, s'exprime ainsi : « Oui, je veux tel jeune homme, qui apportera à ma fille quarante mesures de grain, douze livres de cire, quatre charges de charbon, six mesures d'huile, un bœuf, un mouton, etc., etc. » Tous les assistants posent alors leurs mains à plat et lèvent les yeux vers le ciel, en faisant retentir l'air de bénédictions pour le père, la mère et les jeunes futurs; puis, avant de se retirer, ils ont toujours le soin de passer la main sur la figure jusqu'au bas de leur visage, ce qui veut dire : merci, mon Dieu!

Les amis du fiancé retournent aussitôt à sa demeure pour lui rapporter les paroles qu'ils viennent d'entendre, et ne s'en vont chez eux qu'après avoir reçu les remerciements de la famille.

Quand le mariage doit s'accomplir promptement, le futur fait porter sans retard les objets demandés à la maison de la fiancée. Ces objets se composent, comme nous l'avons vu, de différentes provisions, dont une partie est destinée aux fêtes du mariage.

Les parents de la jeune fille, après en avoir fait le partage, se munissent de tout ce qui est nécessaire au nouveau ménage, et alors on commence, de part et d'autre, les fêtes qui durent plusieurs jours. Pour les femmes, les fêtes commencent par le plaisir du bain, où elles se rendent à sept heures pour n'en sortir qu'à dix, et, après leurs ablutions, elles font de la musique avec de petits tambourins. Pendant la durée de ces fêtes, la mariée est obligée de rester immobile sur son lit où elle est entourée de jeunes filles richement parées et ornées de tous leurs bijoux. La fiancée est assise à la tête du lit, la figure tournée contre le mur, et, quand elle doit changer de place, une négresse la prend sur ses épaules et la transporte d'un endroit à un autre. Il y a à Tanger deux négresses qui n'ont d'autre occupation que de paraître à chaque mariage afin d'assister la fiancée.

Le troisième jour de la fête, il est d'usage que toutes les jeunes filles, compagnes de la promise, lui apportent un cadeau.

La négresse réunit alors tous ces dons divers; elle fait un monticule de ce qui peut servir au trousseau de la fiancée, et met soigneusement à part tous les objets de consommation qui s'y trouvent mêlés et qui, plus tard, sont offerts aux musiciens. Quand le partage est achevé, la négresse passe devant tous les invités en criant : Tel cadeau a été offert par telle personne. A mesure qu'elle les appelle par leur nom, chacune des jeunes filles lui remet une pièce d'argent, et, plus la somme est forte, plus elle crie haut.

La négresse remet ensuite à la mère de la fiancée tous les cadeaux reçus, et le restant de la soirée est consacré en divertissements à l'usage des jeunes filles.

Le lendemain matin, après avoir dressé un inventaire de ce que la jeune fille a reçu en cadeau, ses parents font porter le tout, en grande pompe, à la maison de son futur, ainsi qu'une toilette complète que la fiancée lui envoie et qu'il doit revêtir le même jour.

Ces cadeaux se composent, selon la fortune des personnes, d'effets à usage ou d'ustensiles de ménage, tels qu'un baquet, une petite lampe de ferblanc, un tabouret, toutes choses de peu de valeur, mais qui sont portées néanmoins par autant de personnes qu'il y a d'objets différents.

Le dernier jour, la négresse prend la promise sur ses épaules et la descend à la porte de sa maison où l'attend une mule qui, en guise de selle, porte sur le dos une cage d'osier, recouverte d'étoffes plus ou moins riches, dans laquelle on fait entrer la fiancée.

A défaut de mule, quatre hommes portent à bras cette chaise à porteur d'une nouvelle espèce. Tous les invités, tenant une lanterne à la main, se pressent autour de la mariée et l'escortent en chantant, au son des tambours et des hautbois, et à travers des décharges de mousquets, jusqu'à la demeure de son mari.

C'est à son arrivée que les femmes, parentes de l'époux, se livrent à leur goût effréné pour les li, li, li. Elles poussent ces cris pendant des heures entières, et elles paraissent les affectionner d'une manière toute particulière, car elles ne perdent jamais une occasion de les faire entendre. Ces cris ressemblent beaucoup, quand on les entend à une certaine distance, au sifflement des locomotives sur nos chemins de fer.

Les mœurs mauresques s'opposent à ce que les femmes fréquentent les hommes, à l'exception des membres les plus rapprochés de leur famille; les fréquentations étrangères, même entre femmes, leur étant également interdites, rien n'est plus triste que la vie des femmes mauresques, qui ne voient jamais personne et n'ont d'autre plaisir que celui du bain où elles ne se rendent d'ailleurs que par précepte de religion. Les femmes de ce pays se font une loi de ne jamais voir d'autre homme que leur mari, et elles l'observent si religieusement que, dans le cas où le mari de l'une d'elles vient à tomber gravement malade, et que ses amis ou ses voisins se rendent à sa demeure pour le visiter, ils ne peuvent y pénétrer que quand ils ont donné à la femme le temps nécessaire pour s'éloigner et se retirer dans une chambre voisine. Si une pauvre femme sans famille est retenue chez elle par une maladie dangereuse, et que d'anciens amis de son mari venant à apprendre son état veuillent aller la secourir, il leur est interdit d'arriver jusqu'à elle, étant obligés de s'arrêter à la porte même de son logis, et d'envoyer, dans ce cas, auprès de la malade, leur mère, leur sœur ou leur femme, par l'intermédiaire desquelles ils peuvent seulement avoir des nouvelles de la malade et lui faire passer des secours.

La réclusion que le beau sexe, comme on dirait en parlant de tout autre pays, mais que nous appellerons au Maroc le pauvre sexe, est obligé de subir rend impossible l'intervention utile de tout médecin pour les besoins auxquels nous expose la fragilité humaine.

A Tanger qui, comme on le sait, est la résidence du corps consulaire, seul soutien de civilisation dans le pays, MM. les consuls avaient eu un moment la généreuse pensée d'accomplir un véritable progrès par la fondation d'un hôpital. Cet hôpital, qui leur a coûté autant d'argent que de peines, a été loin de produire les heureux résultats qu'ils en attendaient; forcés bientôt de l'abandonner, c'est à peine s'il a fonctionné pendant une année; c'est que, pour durer, cet hôpital aurait dû naître viable; et en le fondant, MM. les membres du corps consulaire, mus par une pensée des plus louables sans doute, avaient espéré que les Arabes, en passant sans cesse devant la civilisation, finiraient par s'y arrêter. Hélas! l'expérience a servi de leçon, et elle nous confirme une fois de plus dans notre opinion, que l'Arabe, enfermé dans ses guenilles, n'a pas la force de secouer le joug qui pèse sur lui, et que ses gouvernants ne se soucient, en aucune façon, qu'il rejette ses habitudes traditionnelles pour comprendre les bienfaits de la civilisation.

Un hôpital à Tanger n'avait quelque chance de réussite que dans le cas où il eût été créé non-seulement par l'initiative de MM. les Consuls, mais principalement avec la participation de l'autorité locale. En dehors de ce dernier concours, il n'y a pas un seul progrès possible dans les États du sultan. Et il ne faut pas se dissimuler que ce concours on ne l'obtient jamais que par la force, soit qu'il s'agisse de régler les affaires les plus urgentes, soit qu'il devienne nécessaire d'apporter une solution à celles qui présente le moins d'intérêt.

La religion mahométane est fondée sur l'alcoran que les Maures ont interprété d'après le docteur Chélic, de la secte de Mahomet.

Notre intention n'étant point de nous étendre sur un sujet déjà si souvent traité, nous nous bornerons à rappeler que le carême ou *ramadan* des Maures dure trente jours, et qu'ils l'observent avec une si extrême rigidité, que depuis le lever jusqu'au coucher du soleil non-seulement ils ne boivent ni ne mangent, mais qu'ils passent presque tout ce temps en prière. Il est vrai d'ajouter aussi, qu'à de très-rares exceptions près, ils se livrent, pendant la nuit, à d'abominables débauches. Ils se préparent au ramadan en faisant des processions dans l'intérieur de la ville, pendant lesquelles ils font retentir l'air de nombreuses décharges de fusils et de mousquets, qui ne sont interrompues que par les cris mille fois répétés de : Allah !

Chez les Maures toutes les réjouissances consistent à brûler une quantité plus ou moins grande de poudre. Aussi en font-ils une forte consommation, et comme leurs fusils sont en général fort mauvais, il est bien rare qu'une de leurs fêtes se passe sans accident.

Les Musulmans célèbrent trois Pâques : la première échoit le premier jour de la lune, d'après le ramadan. C'est pour la célébration de cette Pâque que l'empereur a la coutume de faire comparaître en sa présence tous les prisonniers de la ville dans laquelle il se trouve, et de les grâcier ou de les faire périr, suivant la grandeur de leur crime.

La seconde Pâque, surnommée *la grande*, tombe soixante-dix jours après celle du ramadan. En outre des prières ordinaires, il est d'usage, pendant cette Pâque, que chaque famille sacrifie à Mahomet un mouton ou, à défaut, un chevreau. Ce sacrifice rachète, aux yeux des Maures, tous les péchés qu'ils ont pu commettre pendant l'année. Au jour marqué pour cet holocauste, l'empereur se rend en grande pompe à un marabout situé à un quart de lieue de Maroc, et il préside devant le peuple cette cérémonie publique. Dans les autres villes de l'empire ce sont les pachas ou gouverneurs de province qui remplacent le sultan.

A Tanger, cette cérémonie a lieu chaque année au milieu du concours de la population et sous la présidence du pacha. C'est également à un marabough situé au-dessus du grand Souc, un peu en deçà d'une des portes de la ville, qu'a lieu la cérémonie publique.

C'est trois lunes et deux jours après cette seconde Pâques que se célèbre la troisième en l'honneur de la naissance de Mahomet. Cette Pâque dure sept jours, pendant lesquels toutes les mosquées sont étincelantes de lumières, et les talebs ou prêtres y entonnent, la nuit, les louanges du Prophète. Le septième jour, c'est-à-dire le dernier de la Pâque, a lieu la circoncision des enfants, à un marabough situé à quelque distance de la ville. Ces enfants sont âgés en général d'un an ou deux, car ils ne sont circoncis qu'à partir de neuf mois et ils ne peuvent plus l'être passé cinq ans. Au-dessus de cet âge, tout enfant maure qui, par une circonstance imprévue, ne serait point circoncis, se trouve par ce seul fait hors de la religion.

En dehors de ces trois fêtes de Pâques, les Musulmans célèbrent le jour de *laachour*, qui tombe dans le mois de septembre et qui correspond au jour des morts chez les chrétiens. On les voit dès le matin, pendant la journée de laachour, se diriger vers les cimetières, et distribuer d'abondantes aumônes aux malheureux. Il est d'usage, dans chaque maison, de faire autant de dons divers qu'il y a eu de membres enlevés à la famille pendant l'année.

Ils font régulièrement leurs prières quatre fois le jour et une fois la nuit, à des heures réglées et qui leur sont indiquées par la voix du muezzin, chantant du haut des mosquées.

Ils ne pénètrent dans l'intérieur de leurs temples que pieds nus. Quant aux femmes il faut qu'elles soient parvenues à un âge fort avancé pour y avoir droit d'entrée.

Les Musulmans ont deux raisons pour exclure les femmes de la mosquée. La première est que la femme n'ayant été créée, selon eux, que pour servir à la génération, elle ne peut dès lors être admise en paradis. La seconde, qui n'est pas moins étrange, est qu'ils aiment assez à comparer leurs femmes à un œuf, qui, disent-ils, tout le temps qu'on le conserve intact, est d'autant plus utile qu'il peut être employé à des usages différents; mais qui, s'il vient à se briser, ne présente plus aucune utilité.

L'entrée des mosquées est encore si expressément interdite aux juifs et aux chrétiens que ceux que l'on y trouverait assumeraient une grande responsabilité. Il n'y a pas bien longtemps que, même à Tanger, les juifs ne pouraient en aucune saison passer devant une mosquée sans retirer leurs chaussures, et ils marchent encore pieds nus dans les villes impériales telles que Fez, Maroc et Méquinez.

Les femmes font néanmoins leurs prières à la maison, et se rendent chaque vendredi dans les cimetières prier et pleurer sur les tombeaux de leurs parents. La visite des tombes et la sortie pour le bain sont les deux seuls motifs pour lesquels une femme mauresque quitte l'intérieur de la maison. Au cimetière, leurs prières consistent en dialogues bizarres qu'elles débitent en pleurant sur la tombe du défunt. C'est ainsi, par exemple, qu'on peut les entendre souvent adresser au mort les paroles suivantes : Oh ! mon bien-aimé, pourquoi m'as-tu quittée ? Je t'aimais cependant beaucoup ! Ne t'ai-je pas toujours bien soigné ? As-tu eu quelque reproche à m'adresser ?

Un déluge de paroles, qui n'ont souvent aucun sens, des dialogues les plus bizarres, entrecoupés par les pleurs, les cris et des trépignements sur la tombe de ceux qui leur étaient chers, voilà ce que les femmes musulmanes appellent la prière.

Les Maures sont très-fanatiques, et sans ce grand défaut il y a longtemps qu'avec leur aptitude naturelle ils seraient entrés dans les voies de la civilisation. Tous les grands dignitaires de l'État, au Maroc, ainsi que les fonctionnaires publics sont plus superstitieux encore que le bas peuple, qui, privé d'instruction, ne fait qu'imiter les exemples qu'il reçoit d'en haut. Aussi le peuple n'est-il que le triste reflet des préjugés et des vices qui s'étendent sur tout l'empire.

Il m'est cependant arrivé quelquefois, pendant mon séjour au Maroc, d'entendre dire à des hommes qui passaient pour intelligents, que la population mauresque était plongée dans un tel état d'épuisement et de dégradation qu'elle ne pouvait plus être fanatique ; mais c'est là une erreur profonde. Les sectateurs de la loi musulmane pourraient facilement, à un moment donné, faire, au nom de la religion, une formidable levée de boucliers ; car si l'Islamisme, en Afrique, ne peut prétendre à de nouvelles conquêtes, il songe toujours à se conserver et à se défendre !

NOTE VI.

Moulei Abd-Er-Rhaman, empereur du Maroc. — Son portrait. — Caractère de ce prince. — Sidi Mohammed, héritier présomptif. — Moulei Reschid. — Enfants des anciens empereurs du Maroc.

Moulei Abd-er-Rahman descend du chérif Ben Moulei Mohammed, premier empereur de cette race qui commença à régner dans l'année 1500. Il fut proclamé dans la ville de Sagelmesse, qui faisait partie de la province de Talifet, et qui, plus tard, fut détruite par les ordres de Moulei Ismaël. Abd-er-Rahman, empereur actuel du Maroc, est monté sur le trône en 1822. Il est âgé d'environ soixante-onze ans; d'une taille élevée, il se tient encore fort droit malgré son âge avancé, et fait chaque jour une promenade à cheval à son jardin d'Agdal, situé aux portes de la ville de Maroc, et planté de 25 à 30,000 pieds d'orangers. Son teint est couleur de cuivre bronzé, sa tête moyenne, son front assez large, ses yeux ronds et petits, et il a sur l'œil droit une tache qui lui donne l'air de toujours pleurer. Son nez est régulier, sa bouche petite, sa barbe, dont plus de la moitié est blanche, n'est presque pas fournie. En un mot, la physionomie de ce monarque est assez vulgaire; mais on remarque néanmoins dans son ensemble un air de bonté, et, en dehors de sa démarche, il n'a rien d'imposant dans sa personne ni dans ses manières. Son costume est simple, mais d'une remarquable propreté. D'un caractère froid, il est peu causeur et toujours très-réservé, même envers ses serviteurs les plus fidèles et les plus dévoués à sa personne.

Lorsqu'il parle en public, les jours de fêtes, il adresse, sans jamais y rien changer, les mêmes compliments à ses kaïds. Sa physionomie respire un grand calme, il est presque impossible de distinguer s'il est de bonne ou de mauvaise humeur, car dans ses joies de même que dans ses plus violentes colères ses traits ne le trahissent jamais, à l'exception cependant de certaines circonstances dans lesquelles il est obligé de parler. On s'aperçoit facilement alors de sa colère, car, dans ce cas, il ne peut prononcer une phrase sans bégayer.

Abd-er-Rahman, dans les premières années de son règne, s'était montré aussi dissimulé que cruel. A ces défauts venait se joindre une avarice insatiable, dont rien ne saurait donner l'idée. Il pardonnait rarement à un de ses sujets dont il avait à se plaindre, sans en avoir tiré vengeance, et il était, en un mot, aussi vindicatif que tous les empereurs de sa race. C'est ce qui explique comment quelques écrivains, qui, de nos jours, n'ont fait que traverser le Maroc, et qui, de retour en Europe, ont livré leurs impressions au public, ont pu, par erreur, prêter à ce souverain un caractère violent et sanguinaire.

Ce prince, qui, aujourd'hui encore, passe pour un monstre aux yeux d'un grand nombre d'Européens, avait, en effet, vers le commencement de son règne, commis plusieurs actes de cruauté, et voici, parmi beaucoup d'autres, un trait qui en dit plus que ce que l'on pourrait imaginer, et qui paraît authentique.

Le fait que nous allons rapporter se passa au commencement

du règne d'Abd-er-Rahman, et comme il y a de cela bien des années on commence à l'oublier, et il est même dans le pays des personnes qui l'ignorent.

Un jour, pendant le temps du kalifat d'Abd-er-Rahman, ce dernier, dans un voyage qu'il avait entrepris, dut traverser une rivière. Arrivé vers le milieu, le cheval qu'il montait chancela, et Abd-er-Rahman désarçonné tomba à l'eau. Emporté par le courant, il fit de vains efforts pour gagner la rive et ne tarda pas à perdre tout espoir de salut. A ce moment, un Arabe, nommé Ale Ben Mohammed, témoin de ce qui se passait, n'hésita pas à se jeter dans la rivière, et, après avoir couru les plus grands dangers, il parvint à sauver, au risque de sa vie, le kalifa Abd-er-Rahman.

Plusieurs années s'étaient écoulées depuis cet événement, quand Moulei Abd-er-Rahman devint empereur. A cette nouvelle le malheureux Ale Ben Mohammed s'empressa de se rendre auprès de ce sultan.

Admis à une audience de l'empereur, il lui demanda une récompense pour le service qu'il avait été assez heureux de lui rendre autrefois, en lui sauvant la vie au péril de la sienne. Abd-er-Rahman, après l'avoir écouté, se prit à rire, et donna l'ordre en congédiant Ale Ben Mohammed qu'il fut bien logé, bien nourri, et qu'on ne le laissât manquer de rien. Mais trois jours après cette même audience, l'empereur ordonna que l'on fasse mourir Ale Ben Mohammed sous les coups de bâton, et il poussa le raffinement de la cruauté jusqu'à envoyer son ministre auprès de ce malheureux pour lui dire qu'Abd-er-Rahman, toujours fort reconnaissant de lui devoir la vie, avait vainement cherché pour lui trouver une récompense digne du service qu'il lui avait rendu, et que n'en rencontrant aucune dans ce bas monde, il lui avait désigné, dans son cœur paternel, une place dans l'éternité.

En conséquence, ajouta le ministre à Ale Ben Mohammed, l'empereur m'a mandé auprès de toi pour t'annoncer qu'il a ordonné qu'on te fasse mourir aujourd'hui même sous le bâton ; ainsi donc, en fermant les yeux, tu le verras dans le *gemmâ* (paradis). Voilà ta plus grande récompense dans le gemmâ !

Cet exemple suffirait seul à prouver que l'empereur Abd-er-Rahman marqua les premières années de son règne par des actes de sauvagerie qui laissaient entrevoir chez ce monarque des instincts féroces ; mais nous nous hâtons d'ajouter, pour son honneur et à sa louange, que, bien loin de se développer, ces instincts ne tardèrent pas à disparaître entièrement, pour faire place à des sentiments de douceur qui n'ont pas cessé d'exister depuis. Il a conservé cependant un de ses plus grands défauts, dont il ne put jamais se rendre maître : c'est son avarice insatiable ; et, dans ces dernières années surtout, cette passion est devenue si violente que l'on serait tenté de croire qu'elle sert sa politique. L'empereur, uniquement occupé, en effet, de dépouiller ses sujets et d'ensevelir ses nombreux trésors, ne veut pas que l'Arabe puisse s'enrichir, persuadé qu'il paraît être que du jour où ses sujets pourraient posséder en toute liberté il ne serait plus maître de les contenir. C'est là le reproche le plus grave que l'on soit aujourd'hui en droit de lui adresser, car il est constant, pour tous ceux qui ont vécu au Maroc, que l'empereur Abd-er-Rahman est affable et bon. Il se montre même devant le monde presque timide et honteux, et c'est à peine s'il ose lever les yeux pour vous fixer. On comprend néanmoins que cela ne l'empêche pas d'être essentiellement despote, surtout quand il s'agit de questions d'argent, car il n'a jamais besoin de recourir au crime pour assurer l'objet de sa convoitise. A l'exception de quelques villes du littoral, il exerce, en sa qualité de prince des vrais croyants, sur le restant de son peuple, une redoutable fascination, et il obtient ce qu'il désire par la crainte seule qu'inspire son nom.

Nous avons présenté, de l'empire du Maroc, un assez triste tableau pour rendre à son chef la justice de dire que son caractère est foncièrement doux et bon, qu'il possède aussi une grande qualité, celle d'être d'une bravoure à toute épreuve dans les moments de danger; mais ses sujets n'en sont pas moins très-mal gouvernés et très-malheureux, car, comme nous l'avons vu, tous les actes du souverain se résolvent en une incroyable oppression du peuple. L'administration de ce pays ne se distingue que par un odieux charlatanisme, et il n'a fallu rien moins au Maroc que la beauté de son admirable climat, la fertilité de son sol, la richesse et la variété de ses produits pour résister au despotisme qui l'accable. Au milieu des malheurs de ce long règne, la main du despote n'a pu cependant détruire complètement l'œuvre de Dieu. En effet, le Maroc laisse apercevoir encore aujourd'hui la puissance d'une végétation sans limites, et ses habitants qui, au milieu de la plus grande abandance, manquent du nécessaire, gémissent dans la plus profonde misère. Mais, nous le répétons, ces contrées conservent le germe de leur grandeur et de leur puissance, et tous les trésors qu'elles renferment n'attendent pour jaillir du sein de la terre que le moment où la force des choses viendra mettre obstacle à la monstrueuse ineptie du Gouvernement.

L'héritier présomptif du trône est Sidi Mohammed Ben Moulei Abd-er-Rahman. Il est âgé de quarante ans et quelques mois, a une taille moyenne, est assez maigre, mais très-fortement constitué. Son teint est tellement foncé qu'il est presque noir. Sa mère était, du reste, une négresse. Il a le nez très-gros, les yeux noirs et grands, la bouche moyenne, les lèvres épaisses, et la barbe noire et très-fournie.

Sidi Mohammed réside dans la ville de Fez, dont il est gouverneur; il est très-fier, et, en le voyant à distance, sa démarche imposante laisserait croire, au premier coup d'œil, que c'est un personnage distingué; mais, si l'on approche de près, l'on demeure bientôt convaincu que c'est un homme extrêmement vulgaire.

Comme tous les Marocains en général, quand il parle, il ne dit pas grand chose; mais cela lui arrive rarement, car il a un défaut de prononciation si fortement marqué qu'il fait des efforts inouïs pour se faire entendre, et il lui faut au moins une minute pour trouver un mot. Aussi est-il impossible de garder son sérieux devant les affreuses grimaces qu'il fait chaque fois qu'il prend la parole, car, dans ces circonstances, il s'agite tellement que ses yeux paraissent sortir de leur orbite.

Sidi Mohammed a tous les défauts de son père, et, si cela était possible, il le surpasserait encore par son avidité insatiable de l'or et de l'argent. D'un caractère très-violent on le redoute beaucoup plus que l'empereur actuel, et tout en étant généralement peu aimé de la population, il a un parti assez puissant. Son nom inspire une grande crainte, car il n'a pris d'Abd-er-Rahman que ses défauts. Il ne possède aucune des bonnes qualités de son père, et il est peu courageux dans les moments de crise.

Sidi Mohammed passe pour s'occuper d'astronomie, et les premières notions de cette science lui ont été enseignées, dit-on, par un renégat français qu'il occupe auprès de sa personne;

mais, ce qu'il y a de plus certain, c'est qu'il emploie la plus grande partie de son temps à chercher les moyens de discipliner une armée et de former des soldats.

Le second fils de l'empereur, Mouleï Reschid, est un jeune homme de vingt-cinq à trente ans. Il est très-intelligent, sait dire ce qui peut plaire et ne pas craindre de soutenir la discussion en émettant des idées assez avancées, ce qui lui permet de passer pour un novateur aux yeux des quelques rares Européens qui ont eu l'occasion de s'entretenir avec lui.

Mouleï Reschid habite Maroc avec l'empereur, qui paraît l'affectionner, car il ne consent jamais à le voir s'éloigner de sa personne.

L'empereur Abd-er-Rahman, possédant un sérail de sept cents femmes, on estime que ses enfants pourraient bien s'élever au nombre de trois à quatre cents. Chaque empereur du Maroc en ayant eu avant lui un nombre à peu près égal, on s'explique comment il se fait qu'une partie de la population se trouve plus ou moins alliée à la famille impériale.

La plupart des enfants de l'empereur actuel vivent à la charge des kaïds, qui se montrent toujours empressés de leur faire bon accueil et de les recevoir dans leurs maisons où ils trouvent tout à souhait. Il n'en est malheureusement pas de même des enfants des anciens empereurs du Maroc, qui sont une des plaies les plus vives de cet État.

N'ayant jamais reçu une éducation soignée et digne de leur rang, ne possédant aucune notion du bien et du mal, du jour où ils ont eu à lutter contre la plus affreuse misère, ils se sont abandonnés à leur grossier instinct et à la débauche. Soutenus par une nature farouche, aucune bassesse ne les arrête, et souvent ils ne reculent pas devant le crime. Ils parcourent les villes de l'empire et ramassent de l'argent partout où ils en trouvent. Ils choisissent de préférence les maisons des Juifs dans l'espoir de les voler plus impunément. Ils ne laissent jamais échapper une occasion de les rançonner. Ils vont même jusqu'à les arrêter sur la route pour les fouiller et leur enlever tout ce qu'ils possèdent. Aussi leur visite ou leur rencontre est-elle fort appréhendée ; mais, malgré tous les soins qu'on apporte à les éviter, ils sont si nombreux que, dans toutes les villes, il s'en présente presque toujours un sur votre passage. Dans un pays civilisé, ces illustres rejetons d'une grandeur déçue figureraient au premier rang parmi les illustrations du bagne.

Ainsi que nous venons de le voir, c'est Sidi Mohammed Ben Moleï Abd-er-Rahman qui est appelé à succéder au trône à la mort de l'empereur Abd-er-Rahman. Quoique Sidi Mohammed ne soit pas aimé dans l'empire, comme on le redoute généralement beaucoup, et qu'en sa qualité de fils aîné de l'empereur il tient en sa possession les armes renfermées dans l'Alcassar, ainsi que le trésor, on peut affirmer que le moment venu il n'aura à lutter contre aucun prétendant sérieux. Il est hors de doute, d'ailleurs, qu'avec les moyens dont il dispose il se rendra, à la mort de son père, maître de tout le royaume, qui, n'étant ni héréditaire ni électif, échoit toujours à celui d'entre les chérifs qui se trouve le plus fort et le plus en crédit.

On doit craindre que Sidi Mohammed, parvenu au pouvoir par la force et maintenu par elle, se trouve, à tous égards, bien au-dessous du poste éminent où les événements l'auront placé.

Ses antécédents, son caractère ombrageux, laissent presque la certitude qu'il maintiendra, s'il ne l'étend pas davantage, le système d'oppression qui pèse sur le peuple marocain. Il en résultera qu'un des plus beaux pays du monde, au milieu de tant de prospérité et de grandeur, sera infailliblement condamné à gémir pendant de longues années encore dans la plus profonde misère. Mais comment admettre qu'à ce moment l'Europe civilisée qui n'est séparée du Maroc que par un détroit, ne trouvera pas l'occasion opportune pour intervenir et faire prévaloir son influence autrement que par de vaines protestations.

Il y a bien longtemps déjà que la barbarie a jeté à la civilisation le plus insolent défi. Mais espérons que le jour viendra où les nations civilisées ne toléreront plus qu'aux portes même de la civilisation le despotisme gouverne un peuple entier contre sa destination naturelle !

NOTE VII.

Forces de l'empire. — Moyens d'intervenir efficacement dans les affaires du Maroc. — De l'institution des consuls. — Comment le sultan lève ses troupes. — La garde noire du palais. — Principaux officiers de la maison de l'empereur.

Avant de parler des forces de l'empire du Maroc, qu'il nous soit permis de jeter un coup d'œil en arrière. Nous avons signalé, dans nos précédentes notes, l'état de dépérissement dans lequel se trouve le Maroc, nous avons examiné chacun des faits qui en sont la cause, et nous avons reconnu combien il serait à souhaiter que ce pays, qui possède tous les éléments d'une grande richesse, pût échanger le régime intolérant et irrégulier qui pèse sur lui contre un régime empreint de quelque générosité et de quelque justice! Sur ce point il ne peut s'élever aucun doute; mais si nous sommes parfaitement d'accord, à cet égard, avec tous nos devanciers, nous différons essentiellement d'opinion sur les moyens à employer pour parvenir au but.

Pendant un séjour de trois années au Maroc, nous avons eu l'occasion de prendre part à la conversation de certains personnages qui, par leur position officielle, avaient plus ou moins de crédit, et nous avons le regret de leur avoir entendu dire que, dans leur conviction, il n'y avait qu'une prise de possession qui pût sauver le Maroc. Ils allaient même beaucoup plus loin en ajoutant que cette prise de possession devenait chaque jour plus imminente, vu la facilité avec laquelle elle s'opérerait, car, selon eux, un tel projet ne présentait pas le moindre obstacle, et pouvait recevoir son exécution presque comme par enchantement.

Eh bien, nous ne craignons pas de le déclarer hautement, ce sont là deux assertions parfaitement erronnées, et, pour notre compte, quelle que soit l'obscurité de la main qui trace ces lignes, nous formons des vœux pour qu'une semblable appréciation ne soit jamais partagée par nos hommes d'État.

Nous n'avons cessé d'interroger ceux qu'un séjour prolongé dans le pays et une position indépendante rendaient aussi impartiaux qu'éclairés, et ils ont été unanimement d'accord pour reconnaître qu'il était hors de doute que le jour où nous occuperions le Maroc il deviendrait pour nous la source des plus graves embarras. L'Algérie parle, d'ailleurs, ici assez haut, et l'histoire de cette conquête est, il nous le semble, le meilleur livre à consulter en pareil cas.

Aussi, en rejetant loin de nous la pensée de toute prise de possession, nous reconnaissons cependant que, pour changer l'état actuel des choses au Maroc, les nations civilisées seraient obligées d'intervenir beaucoup plus efficacement qu'elles ne l'ont fait jusqu'à ce jour, et nous ne serions pas éloigné d'admettre qu'elles ne pourraient parvenir à ce but qu'en employant la force dans une certaine limite. Nous pensons même que l'Europe ne devra songer sérieusement à des projets d'amélioration, pour le Maroc, que lorsqu'elle aura fait disparaître toutes les viles intrigues et les vices honteux de son administration; mais nous croyons aussi que pour arriver à ce but on pourrait employer d'autres moyens que ceux qui ont été mis en usage jusqu'à ce jour.

Parmi les institutions qui régissent les Etats, l'une des plus utiles étant, sans contredit, celle des consuls, pourquoi les nations civilisées ne s'entendraient-elles pas pour exiger, à l'avénement d'un pouvoir nouveau, de l'empereur du Maroc, que les différents consulats européens, placés aujourd'hui à Tanger, soient transférés dans l'intérieur, et que messieurs les membres du corps consulaire s'établissent dans la ville de l'empire où réside le sultan? Le plus sûr serait de pourvoir, tant à la sûreté des consuls ou chargés d'affaires qu'à leur inviolabilité, par un traité de commerce.

Le consul étant chargé des ordres de son souverain, et devant expressément veiller à la conservation des droits et des priviléges de la nation qu'il représente, ne tarderait pas, dès-lors, d'acquérir une véritable influence par la prompte exécution des affaires confiées à ses soins, et le succès de ses réclamations, deux choses absolument impossibles aujourd'hui où les consuls ont toujours à lutter contre une autorité supérieure dont le plus grand malheur est d'être dans une profonde ignorance de tout ce qui se passe autour d'elle, et contre des employés subalternes qui s'attachent à fausser ou à dénaturer le sens des ordres qu'ils ont reçus du sultan, ce qui entraîne à d'interminables recours, et rend ainsi les fautes du souverain souvent excusables et les fonctions consulaires extrêmement pénibles dans ce pays.

Nous sommes les premiers à reconnaître cependant que le projet d'établir la résidence du corps consulaire dans l'intérieur de l'empire ne peut recevoir une exécution immédiate; car si, dans l'état actuel, l'on tentait de transférer les différents consulats européens dans les villes de Fez ou de Maroc, résidences ordinaires de l'empereur, ce serait faire naître des dangers sérieux et exposer même les agents et leur colonie à une mort presque certaine.

Il est évident d'ailleurs que l'on ne peut guère songer à demander des réformes à un souverain âgé de soixante-douze ans et qui a passé trente-quatre années de sa vie à gouverner en dehors des idées de tout progrès; mais, ce qui paraît impossible aujourd'hui ne le sera peut-être plus demain. Il ne s'agit que de savoir attendre un moment favorable; car les hommes qui s'efforcent de faire avancer les peuples trop rapidement sont pour le moins aussi coupables que ceux qui cherchent à les rejeter en arrière. A l'âge de l'empereur actuel du Maroc, une occasion opportune ne saurait tarder à se présenter, et si les nations civilisées profitent de cet instant pour imposer au successeur d'Abd-Er-Rahman de recevoir dans la capitale de l'empire leurs représentants, on ne tardera pas à voir le sultan sortir naturellement des voies de restriction et d'oppression suivies par ses prédécesseurs, pour entrer dans une ère de régénération; l'influence salutaire du corps consulaire le maintiendra infailliblement à la hauteur de ses devoirs, en lui démontrant que, protéger et favoriser le commerce est une obligation qui s'étend à tous les Etats. Chacun de nous pourra alors, missionnaire pacifique, porter librement au peuple marocain les idées dont il a été nourri et apprendre de lui celles dont vivent d'autres civilisations. De ce moment, ces contrées sauvages et condamnées aujourd'hui à la misère renaîtront à la vie et à la prospérité. Le Maroc ouvrira des routes praticables sur lesquelles le voyageur trouvera la sûreté; il établira des ports, et il ne restera plus qu'à s'assurer, par de bons traités, des droits précis et constants qui nous garantiront tous les avantages devant nécessairement résulter de notre commerce réciproque avec ce pays.

C'est là, il nous le semble, la seule victoire dont la civilisation pourra plus tard recueillir sûrement les fruits, et nous espérons qu'elle y songera aujourd'hui surtout où, d'un instant à l'autre, le trône du Maroc est destiné à passer entre les mains d'un nouveau souverain.

Si ce nouveau souverain, guidé par des instincts farouches et une insatiable cupidité, persiste à suivre l'odieuse politique de ses prédécesseurs, il sera bien démontré alors qu'il assumera la responsabilité des actes de violence qui deviendront de justes sujets de lui faire la guerre.

Dans ce cas, nous comprendrions une intervention armée, dont les conséquences deviendraient infailliblement une fusion d'intérêts utiles au progrès; mais nous ne serons jamais partisans d'une prise de possession dans laquelle nous n'apercevons aucune grande fin. Le parti le plus sûr à prendre selon nous, quand les circonstances l'exigeront impérieusement, sera de lancer une armée au cœur même de l'empire, sur la ville de Fez, par exemple, et de faire occuper en même temps, par un petit corps d'armée, les villes de Tanger et de Mogador. De cette manière, on se rendrait maître absolu de tout le Maroc, et il serait facile de n'en sortir que quand le sultan aurait lui-même forcément renversé la machine gouvernementale de son empire, et l'eût dotée d'institutions en harmonie avec les besoins du pays.

On obtiendrait par ce moyen, outre l'avantage incontestable d'arriver au but proposé, celui de n'avoir à supporter aucun des risques et périls qu'entraînerait infailliblement une prise de possession. Les frais de la guerre seraient mis à la charge du trésor de l'empereur, dans lequel on trouverait certainement plus d'argent que n'en coûterait une semblable expédition. Mais encore, il ne faut pas se dissimuler qu'un tel projet ne serait pas sans quelque difficulté, et que, le cas échéant, une armée pénétrant de l'Algérie au centre de l'empire du Maroc, rencontrerait sur son parcours de sérieux obstacles qu'elle ne briserait qu'en accomplissant de grands sacrifices. Telle est l'opinion que nous pensons pouvoir être en mesure d'affirmer, car, au Maroc, bien imprudent est celui qui se croit assez sûrement renseigné pour se faire une idée parfaitement arrêtée sur les hommes et les choses de ce pays.

Et comment pourrait-il en être autrement dans un Etat où les voies de communication sont presque impossibles, où il n'existe aucun moyen de publicité, et dans lequel un peuple immense n'a pas même le droit de faire allusion à un acte qui émane d'une autorité quelconque, sans avoir en perspective la prison ou la mort? Tous les gouvernements de l'Europe, dans leur sollicitude pour les intérêts de leurs nationaux, sachant que les affaires qui naissent dans les pays du Levant et de Barbarie ne ressemblent en rien à celles d'Europe, ont pensé à mettre à la disposition de leurs consuls des ressources à l'aide desquelles ils peuvent déjouer parfois la ruse et l'intrigue des autorité qu'ils ont à traiter. Mais il n'en est pas de même au Maroc où, au milieu de la misère et de l'oppression qui dégradent le peuple, la population est restée essentiellement intelligente. L'Arabe a toujours peur de se compromettre; il sait très-bien que le moindre mot, la démarche la plus insignifiante en apparence, le plus léger soupçon qui pèserait sur lui sont autant de crimes qui ne trouveraient pas grâce devant la défiance de son gouvernement; les plus pervertis n'ont pas même la ressource de se vendre, car ils ne pourraient pas plus jouir que leur famille de l'argent qu'ils retireraient d'une mauvaise action. Aussi l'Arabe ne peut-il vous tendre sa main vénale qu'en retour d'une nouvelle parfaitement insignifiante ou absolument fausse qu'il feint, il est vrai, de rapporter de fort loin, en ayant soin de donner à son récit un cachet de vérité et d'importance auquel il est rare que l'on ne se laisse pas prendre.

Il est de toute impossibilité qu'il en soit autrement, et c'est ce qui explique pourquoi, à Tanger, les représentants des principales puissances, qui ont à leur disposition une police secrète à laquelle ils sacrifient de fortes sommes pour se tenir au courant des événements qui se passent dans l'intérieur, ne sont cependant jamais parvenus à être instruits d'une nouvelle un peu importante avant que la ville entière n'en ait connaissance; malheureusement même, ils n'ont été presque toujours que le jouet de leurs agents secrets.

En présence d'un fait aussi incontestable, on comprendra facilement que, malgré un séjour prolongé au Maroc, nous déclarions en toute humilité ne jamais avoir eu la prétention d'émettre une opinion absolue sur les questions qui s'y rattachent. C'est en comparant tout ce que nous avions été à même de juger, qu'à la fin de la journée nous marquions les faits qui nous paraissaient le plus digne d'intérêt. Nous sommes arrivé ainsi à réunir les quelques notes que notre intention, lorsque nous les avons écrites, n'était point de livrer au public. Qu'il ne nous traite donc pas en juge infaillible, mais en écrivain consciencieux, accomplissant chaque jour un devoir agréable et non une tâche de labeur.

La France est actuellement représentée au Maroc par M. le vicomte Gustave de Castillon, qui remplit, à Tanger, les fonctions de consul général et de chargé d'affaires. D'un âge qui s'allie avec son expérience, cet agent brille surtout par l'élégance de ses manières. Son caractère essentiellement froid, la droiture de son esprit lui ont attiré tout d'abord l'estime et les égards des autorités. Le crédit dont il jouit montre suffisamment que, sous son administration, ce n'est point par d'absurdes projets ou de petites intrigues que se manifeste l'influence française.

L'empereur du Maroc, à un moment donné, pourrait faire une levée considérable; rien ne lui serait plus facile que de réunir une masse imposante pour l'opposer aux forces d'un ennemi; mais cette armée, quelque compacte qu'elle soit, manquerait des deux qualités indispensables pour son maintien : elle serait mal armée et pécherait essentiellement par son organisation, deux défauts assez puissants pour qu'à nombre égal, et même inférieur, il soit hors de doute qu'elle ne pourrait pas résister longtemps contre des troupes habilement dirigées. Mais, il ne s'en suit pas de là, comme quelques personnes paraissent le croire, que, dans une lutte, l'armée marocaine n'opposerait pas la moindre résistance. On peut évaluer que, dans une occasion pressante où il s'agirait de combattre les chrétiens, les populations de l'empire, électrisées par la voix fanatique de leurs maraboughs, se lèveraient en masse et pourraient facilement présenter un nombre de plus de cent cinquante mille hommes, dont moins de la moitié, il est vrai, serait bien armée; mais le restant se trouverait bientôt muni d'armes de toutes les espèces qui, dans la mêlée, n'en porteraient pas moins des coups meurtriers. Il est certain aussi que l'Alcassar renferme de nombreuses pièces de canon de fonte et plusieurs milliers de mousquets que l'empereur actuel, Abd-Er-Rahman, réserve, ainsi que le trésor, à son fils Sidi Mohammed, qu'il se destine pour successeur. Lorsque l'empereur doit faire quelque expédition, il donne l'ordre à ses alcaydes de lui fournir les hommes dont il a besoin. Chaque alcayde lève alors un nombre de troupes en rapport avec l'étendue de la province qu'il administre, et le plus puissant d'entre eux en fait ensuite la répartition générale. Quand cette armée improvisée est ainsi levée, chacun des hommes qui la composent, depuis l'officier jusqu'au soldat, est obligé de se nourrir et de s'équiper à ses frais pendant toute la durée de la campagne. La plupart des individus qui en font partie étant très-misérables et n'ayant pas en leur possession d'armes à feu, ils se servent de lances, d'épées, et, au besoin, même de bâtons; mais on n'a recours à ce moyen que quand il s'agit d'effectuer une levée générale; car, dans les cas ordinaires, il y a dans chaque ville et village de l'empire un certain nombre d'hommes parfaitement armés qui doivent toujours se tenir prêts à marcher au premier commandement; c'est ce que l'on appelle le maghzen (troupes de l'empereur).

En dehors des fantassins, il y a aussi la cavalerie; le gouvernement marocain fournit la monture à ceux qui font partie de cette dernière arme, et l'entretien du cheval est seul à la charge du cavalier. Tous ces hommes indistinctement sont exempts de toute garamme (impôt) et sont entretenus, non pas aux dépens de l'empereur, mais à la charge de chaque province dans lesquelles ils résident.

La cavalerie est généralement composée de noirs; elle se tient toujours près de la personne de l'empereur. Chaque cavalier est armé d'un fusil, d'un cimeterre et d'une paire de pistolets portés à la ceinture. Quant à l'infanterie, une partie est armée de fusils et l'autre de sabres, de lances et de mousquets.

Le nombre de troupes bien armées, dont l'empereur peut toujours disposer en temps ordinaire, est plus que suffisant pour châtier une des villes de l'empire qui viendrait à se soulever. Il les emploie, du reste, rarement; car, malgré les éléments bizarres et contradictoires qui divisent l'empire du Maroc, on peut dire que les Maures n'aiment pas à se faire la guerre entre eux, et l'on attache, en général, beaucoup trop d'importance aux mouvements partiels des Berbères qui éclatent au cœur même du pays.

La race énergique des Berbères occupe, comme on le sait, presque tout le territoire qui s'étend entre les villes de Fez et de Maroc, et, quoique vivant dans une indépendance presque absolue depuis qu'elle a rejeté du centre qu'elle occupe l'élément arabe qui y avait pénétré avant la conquête, elle n'en reste pas moins soumise au pouvoir qui le représente. C'est ce qui explique pourquoi, au lieu d'être une cause d'affaiblissement pour le gouvernement marocain, les luttes qui divisent les tribus Berbères lui prêtent, au contraire, une plus grande force; car le pouvoir de l'empereur emprunte dans sa personne un caractère religieux que ces populations lui reconnaissaient, et le prestige seul qui s'attache à son nom et à l'organisation des Maraboughs est toujours pour lui un moyen d'action très-efficace.

Quoique l'empereur du Maroc n'ait, à vrai dire, aucune troupe bien disciplinée, il conserve néanmoins auprès de sa personne une garde ordinaire de huit à neuf cents noirs qui sont aussi richement équipés que bien armés; comme ce sont presque tous des enfants du sérail, il les entretient grandement, et leur costume est d'une remarquable beauté. Ces noirs s'entendent bien au maniement des armes et sont fort courageux.

L'empereur n'en a auprès de lui que de huit à neuf cents; mais cette garde disséminée dans tout l'empire, et dont on retrouve quelques hommes chez tous les gouverneurs de province, peut s'évaluer aujourd'hui encore de huit à neuf mille hommes, et il paraît à peu près certain que Sidi Mohammed s'occupe à en augmenter considérablement le nombre. C'est, du reste, cette même garde noire qui, dans la mémorable bataille d'Isly, dont Sidi Mohammed conservera longtemps le souvenir, fut la seule qui, parmi les troupes de l'empereur du Maroc, résista avec énergie au lieu de fuir lâchement devant l'ennemi.

Les principaux officiers de la maison de l'empereur se composent d'une quinzaine d'alcaydes qui forment toute sa cour et qui ne l'approchent jamais qu'avec les marques du plus profond respect. Les alcaydes de première classe sont les gouverneurs de province, ceux de deuxième sont les gouverneurs particuliers des grandes villes ou ceux à qui la confiance du souverain confie la direction de l'armée. Ils résident tous à leurs postes respectifs, et l'empereur ne conserve auprès de sa personne qu'un nombre très-limité de fonctionnaires.

Parmi ces derniers, on cite le grand muphti pour tout ce qui concerne la religion ou la justice, le grand eunuque pour ce qui a rapport au sérail, le grand trésorier pour ce qui regarde les dépenses intérieures du palais seulement, car, au-delà du strict nécessaire, il est obligé de remettre toutes les sommes qu'il perçoit à l'empereur qui ne manque jamais de les enfouir soigneusement, et, enfin, le ministre d'État qui soumet au sultan les questions intérieures et sert principalement d'intermédiaire entre le monarque et Sidi Mohammed El Khatib, ministre des affaires étrangères, qui réside à Tanger, pour y recevoir les communications des représentants des puissances chrétiennes. Sidi Mohammed les transmet au ministre d'État qui en réfère à son tour à l'empereur.

Comme nous avons déjà eu occasion de le démontrer, tant

que les nations civilisées toléreront que leurs représentants ne soient pas en communication directe avec le sultan, sans avoir besoin de recourir à plusieurs intermédiaires, elles ne parviendront à aucun résultat satisfaisant.

Selon nous, c'est là le mal auquel il faut apporter un prompt remède. Cette question de la résidence des agents européens auprès de l'empereur eut mérité d'être traitée par des hommes plus rompus que nous ne le sommes à la pratique des affaires, car de là dépend en grande partie l'amélioration progressive du sort moral et matériel d'un peuple déshérité. Une plume plus exercée que la nôtre pourrait décrire le spectacle consolant que nous offre la marche de l'humanité vers le but sublime que Dieu lui a assigné et auquel tous les peuples doivent nécessairement atteindre. Mais telle n'est pas notre intention. Ce que nous avons voulu aujourd'hui, c'est de faire apprécier et comprendre en peu de mots certaines mesures qu'il serait désirable que l'on adoptât vis-à-vis du Maroc; c'est de porter dans tous les esprits la conviction qu'il est juste et humanitaire d'exiger des souverains de ce pays qu'il soit introduit d'importantes modifications dans le système actuel.

En attendant le moment opportun où ces questions pourront s'agiter et se résoudre, nous formons un dernier vœu, c'est celui de voir l'Europe, et la France en particulier, favoriser toutes les entreprises qui tendront à protéger le commerce, en faisant souvent visiter ces contrées par des bâtiments de la nation. Le pavillon qui flotte sur nos vapeurs de guerre, dont on ne se lasse pas d'admirer la superbe tenue, produit le meilleur effet sur les habitants de ces pays, et laisse toujours dans leur esprit une vive et salutaire impression que nous devons, autant que possible, nous efforcer de maintenir.

CONCLUSION.

Si le Maroc succombe aujourd'hui entre le mauvais vouloir et l'ineptie de ceux qui le gouvernent, il possède néanmoins tous les éléments nécessaires pour devenir, d'un moment à l'autre, un État très-florissant.

Ce pays étant, sans contredit un des plus favorisés, tant par la pureté de son climat que par la variété de ses productions et par la qualité de ses habitants sains, robustes et intelligents ; ce n'est pas le Maroc, mourant dans ses entraves, qui doit servir de base aux calculs de l'avenir, mais le Maroc libre et desservant, par ses débouchés vers l'Europe, les immenses richesses minérales et agricoles d'un sol appelé à une fertilité merveilleuse du jour où l'on prendra soin de le cultiver.

FIN.

www.ingramcontent.com/pod-product-compliance
Lightning Source LLC
LaVergne TN
LVHW050615090426
835512LV00008B/1499